中で社葬の準備やその他の対応をしなければならないという現実です。

　このような問題に対処するために必要な事項をリストアップしたのが、本書です。

　本書は、全6章で構成しており、第1章では社葬の意義、役割、形態等を、第2章では経営者の死亡に対する日ごろからの備えと題して、"もしものとき"のための事前準備、そのときに"あわてない！"訃報直後の対応を、そして第3章では社葬の実施と具体的対応について社葬実施の当日までの準備、社葬当日の対応、社葬終了後の対応を、いずれも時系列に具体的事例でまとめています。また、第4章では他社の社葬に参列するときのマナーを、第5章ではオーナー経営者の死亡に備える資金対策、後継者に引き継ぐために生前に実施しておくべき承継対策を、事例を挙げてまとめました。最後に第6章では、経営者が逝去した場合の法務・労務・税務について、会社の総務責任者が知っておくべき項目をまとめています。

　筆者の会計事務所では、年間約50回の葬儀に参列するほか、葬儀当日の受付係の手伝い、葬儀直後の手続きのアドバイス等に携わっています。本書は、その体験をもとに"もしも"に備えて実務ですぐに役に立つものとすることを想定してまとめました。

　本書が、社葬に携わる関係部署の業務のサポートのみならず、オーナー経営者、そして個人事業主の皆さまの参考となれば幸甚です。

平成30年1月

税　理　士　　三上　清隆
公認会計士

目次

第 1 章 社葬の位置づけ

1 社葬とは ……………………………………………2

1 社葬の起源 ………………………………… 2

2 社葬の意義 ………………………………… 3

3 社葬の役割 ………………………………… 3

4 社葬の形態 ………………………………… 4

　1 近親者による「密葬」ののち、日を置いて故人が生前に信
　　仰していた宗旨で本葬として「社葬」を行う形態 ………… 5

　2 遺族が「個人葬」を執り行ったのち、宗教色のない「お別
　　れの会」あるいは「偲ぶ会」を社葬として行う形態 ……… 5

　3 「個人葬」と「社葬」を併せて行う「合同葬」という形態 … 6

5 個人葬と社葬の違い ……………………………… 7

6 社葬の流れ ………………………………… 8

2 知っておきたい葬儀の基礎知識 ………………………9

1 葬儀式と告別式の違い ………………………… 9

2 火葬の時期 ………………………………… 9

3 通夜（つや）の意味 …………………………… 10

4 通夜ぶるまい ………………………………… 10

5 密葬と家族葬の違い …………………………… 10

　One Point Check　仏名（ぶつめい）………………………… 12

第2章 経営者の死亡に対する日ごろからの備え

1 "もしものとき"のための事前準備 …………… 14

1 社葬取扱規程の制定 ………………………………… 14
- **1** 総則 ………………………………………………… 14
- **2** 社葬実施の決定者 ……………………………… 14
- **3** 社葬の名称 ……………………………………… 15
- **4** 社葬の執行範囲の基準 ………………………… 15
- **5** 社葬費用の基準 ………………………………… 15
- **6** 葬儀委員長と葬儀委員 ………………………… 15
- **7** 葬儀実行委員長と葬儀実行委員 ……………… 16
- **8** 「社葬取扱規程」の例 ………………………… 16

2 役員の経歴書の作成 ……………………………… 18
3 連絡先名簿の作成 ………………………………… 19
4 遺影用写真の用意 ………………………………… 20
5 社葬対応マニュアルの作成 ……………………… 20
> One Point Check　**香典の意味** …………………………… 21

2 "あわてない!"訃報直後の対応 ………………… 22

1 代表取締役の逝去時に"まず"やらなければならないこと …… 22
2 社葬を行うかの判断 ……………………………… 22
- **1** 遺族の意向確認 ………………………………… 22
- **2** 葬儀社の決定 …………………………………… 23
- **3** 宗教家への依頼 ………………………………… 23

3 密葬への会社のかかわり方 ……………………… 24
4 緊急役員会 ………………………………………… 24

第3章 社葬の実施と具体的対応

1 社葬を実施するための準備 ……………………………… 26

1 社葬の概要の決定 ………………………………………… 26
- **1** 社葬規模・形式の決定 ………………………………… 26
- **2** 式場・日程の決定 ……………………………………… 26
- **3** 日程表の作成 …………………………………………… 26
- **4** 供花・供物・香典の受諾の有無 ……………………… 27
- **5** 概算予算・費用分担の決定 …………………………… 27
- **6** 葬儀委員長の決定 ……………………………………… 28
- **7** 各担当の決定 …………………………………………… 29
  - One Point Check 喪服 ……………………………………… 33
- **8** 議事録の作成 …………………………………………… 34

2 社内通達 …………………………………………………… 36
- **1** 社内通達の方法 ………………………………………… 36
- **2** 社内通達の例 …………………………………………… 37
- **3** 社葬時の服装の指示例 ………………………………… 38
- **4** 社員の香典 ……………………………………………… 38
- **5** 社葬に参列しない社員の当日の対応 ………………… 39

3 社外への通知 ……………………………………………… 39
- **1** 社外への対応 …………………………………………… 39
  - One Point Check 「殿」と「儀」の意味 …………………… 39
- **2** 新聞広告による案内 …………………………………… 40
- **3** 広報の仕方 ……………………………………………… 40
- **4** 文書作成 ………………………………………………… 40
  - One Point Check 死亡広告の句読点 ………………………… 44
- **5** 連絡のポイント ………………………………………… 45

（こんなとき、どうする!?）来賓の選定の留意点 ……………………………… 45

　　6 社葬案内状の発送 …………………………………………………… 46

　　7 来賓者の出欠確認のポイント ……………………………………… 46

4 具体的準備 ……………………………………………………………… 47

　　1 備品の準備 …………………………………………………………… 47

　　2 弔辞の依頼 …………………………………………………………… 47

　　3 会葬礼状・返礼品の手配 …………………………………………… 48

　　4 香典返しの手配 ……………………………………………………… 49

　　5 車両の手配 …………………………………………………………… 49

　　6 式場レイアウトの決定 ……………………………………………… 49

　　7 式場の駐車スペース ………………………………………………… 50

　　8 映像の作成 …………………………………………………………… 50

　　9 「しおり」の作成 …………………………………………………… 50

5 進行要領の決定 ………………………………………………………… 50

　　1 式次第とタイムスケジュールの作成 ……………………………… 50

　　2 供花の配列順位 ……………………………………………………… 52

　　3 席次の決定 …………………………………………………………… 52

　　4 焼香順位の決定 ……………………………………………………… 53

（こんなとき、どうする!?）代表焼香者の欠席 ……………………………… 53

　　5 弔電の取扱い ………………………………………………………… 53

6 社葬前日 ………………………………………………………………… 54

　　1 式場でのリハーサル ………………………………………………… 54

　　2 社葬前日の係別留意点 ……………………………………………… 55

7 社葬準備の最終チェックリスト ……………………………………… 58

2 社葬当日の対応 ……………………………………………………… 63

1 総合リハーサル ………………………………………………………… 63

　　1 全体的な流れの確認 ………………………………………………… 63

2 式進行の確認 ……………………………………………… 63

3 式場の確認・準備 ………………………………………… 63

2 遺族のお迎え ……………………………………………… 63

3 受付の開始 ………………………………………………… 64

（こんなとき、どうする!?）「好ましくない人物」が来場した場合 ………… 64

4 遺族・来賓着席・導師入場 ……………………………… 64

5 葬儀式開式・読経 ………………………………………… 65

6 弔辞拝受 …………………………………………………… 65

（こんなとき、どうする!?）弔辞を頂戴する方が式に遅れた場合 ………… 65

7 弔電奉読 …………………………………………………… 65

8 葬儀委員長挨拶 …………………………………………… 66

9 拝礼（仏式の場合）……………………………………… 66

10 葬儀式閉式 ………………………………………………… 66

11 告別式準備 ………………………………………………… 66

12 告別式開式 ………………………………………………… 66

13 拝礼（仏式の場合）……………………………………… 67

14 告別式閉式 ………………………………………………… 67

15 導師退場 …………………………………………………… 67

16 遺骨退場 …………………………………………………… 67

17 遺骨御帰邸 ………………………………………………… 67

18 式場の後片付け …………………………………………… 67

19 解散式 ……………………………………………………… 68

20 社葬当日のタイムスケジュール ………………………… 68

1 社葬通夜の式次第と司会進行例 ………………………… 68

2 社葬葬儀の式次第と司会進行例 ………………………… 69

3 中陰忌法要の式次第と司会進行例 ……………………… 71

4 法要式場の式次第と司会進行例 ………………………… 71

21 社葬当日の準備のチェックリスト ……………………… 72

^{One Point Check} 僧侶へのお礼はいつ渡す ‥‥‥‥‥‥‥‥‥‥‥‥‥‥ 73

3 社葬終了後の対応 ‥‥‥‥‥‥‥‥‥‥‥‥‥‥ 74

1 香典・供花・供物の整理 ‥‥‥‥‥‥‥‥‥‥‥ 74

2 会葬者芳名帳 ‥‥‥‥‥‥‥‥‥‥‥‥‥‥‥‥‥ 74

3 弔辞の整理 ‥‥‥‥‥‥‥‥‥‥‥‥‥‥‥‥‥‥ 75

4 弔電の整理 ‥‥‥‥‥‥‥‥‥‥‥‥‥‥‥‥‥‥ 75

5 文書類・記録物の整理 ‥‥‥‥‥‥‥‥‥‥‥‥ 75

6 社葬報告書の作成 ‥‥‥‥‥‥‥‥‥‥‥‥‥‥ 75

7 会計報告書の作成 ‥‥‥‥‥‥‥‥‥‥‥‥‥‥ 76

8 関係者への挨拶回り ‥‥‥‥‥‥‥‥‥‥‥‥‥ 76

9 香典返しの手伝い ‥‥‥‥‥‥‥‥‥‥‥‥‥‥ 77

10 社葬終了後の御礼状 ‥‥‥‥‥‥‥‥‥‥‥‥‥ 77

 1 会葬礼状 ‥‥‥‥‥‥‥‥‥‥‥‥‥‥‥‥‥ 77

 2 会葬御礼広告 ‥‥‥‥‥‥‥‥‥‥‥‥‥‥‥ 79

 3 供花や供物に対する礼状 ‥‥‥‥‥‥‥‥‥ 79

11 中元・歳暮・年賀 ‥‥‥‥‥‥‥‥‥‥‥‥‥‥ 80

 1 法人の場合 ‥‥‥‥‥‥‥‥‥‥‥‥‥‥‥‥ 80

 2 遺族の場合 ‥‥‥‥‥‥‥‥‥‥‥‥‥‥‥‥ 80

12 社葬後に行うべき項目のチェックリスト ‥‥‥‥‥ 81

第 4 章 他社の社葬に参列するときのマナー

1 社葬に参列するときの事前対応 ‥‥‥‥‥‥‥ 84

1 社葬参列の決定 ‥‥‥‥‥‥‥‥‥‥‥‥‥‥‥ 84

2 参列者の人選 ‥‥‥‥‥‥‥‥‥‥‥‥‥‥‥‥‥ 85

3 供花 ·· 86

4 弔辞の引き受けと準備 ·························· 86

5 香典の金額 ·· 88

2 社葬参列時のマナー ······················ 89

1 服装のマナー ······································ 89

2 宗教別弔問のマナー ····························· 89

 1 仏式の場合 ·· 89

 2 神式の場合 ·· 89

 3 キリスト教の場合 ································ 90

 こんなとき、どうする!? 不幸を後日知った場合の対応 ·············· 90

第5章 オーナー経営者の死亡に備える資金・承継対策

1 資金対策 ·································· 92

1 生命保険の活用方法 ····························· 92

 1 役員退職金準備のための生命保険 ············· 92

 2 借入金相当額を保険でカバー ················· 93

 3 自社株の買い取り資金 ························· 93

2 死亡保険金の受け取り時の経理処理 ··········· 94

2 承継対策 ·································· 95

1 後継者の確保 ······································ 95

2 後継者教育 ·· 96

 1 社内教育 ·· 96

2 社外教育 ……………………………………………………… 97

3 オーナーとの保証・担保への対応 ………………………… 97

 1 経営者保証ガイドラインが中小企業側に求める対応 ……… 97

 2 経営者保証ガイドラインが金融機関側に求める対応 ……… 98

 3 既存の保証契約の適切な見直しに関する事例（事業承継に
  伴い保証契約を見直した事例） ………………………… 98

4 オーナーとの金銭貸借の整理 ………………………………100

 1 オーナーに対する債権 …………………………………101

 2 オーナーからの借入金 …………………………………102

 3 債務免除の場合の留意点 ………………………………106

5 株式の整理 ……………………………………………………107

 1 名義株の整理…………………………………………………107

 2 所在不明株主への対応 …………………………………110

第6章 代表者が逝去した場合の法務・労務・税務

1 法務関係 …………………………………………… 112

1 取締役の数が、定款に記載された員数を欠くことになった場合 …112

2 代表取締役の選任手続き ………………………………………112

3 株主総会による取締役の選任 …………………………………113

4 1人取締役の死亡時の対応 ……………………………………114

 1 1人取締役の欠員 ………………………………………114

 2 補欠取締役 ………………………………………………115

5 株主名簿の名義書換え …………………………………………115

6 相続人等に対する売渡請求 ……………………………………116

 1 定款の定め ………………………………………………117

2 請求期限 ･･････････････････････････････ 118

3 売買価格 ･･････････････････････････････ 118

4 財源規制 ･･････････････････････････････ 118

5 後継者に対する買取請求の可能性 ･･････････ 118

7 遺産未分割の場合の議決権の行使と総会の成立 ･･････ 119

1 相続財産の帰属 ･･････････････････････････ 119

2 株式が2名以上の共有となっている場合 ･･･････ 119

3 権利行使者を定める場合 ･･････････････････ 119

4 権利行使者が会社に通知された場合 ･･････････ 120

5 共有者の1人に権利行使を認める場合 ･････････ 120

6 株式が準共有の場合 ･･････････････････････ 120

8 その他の名義変更 ･･････････････････････････ 121

1 同族会社が土地を借りている場合の名義変更 ･････ 121

2 オーナーとの金銭貸借がある場合の名義変更 ･････ 121

3 代表取締役変更の届け出 ･･････････････････ 121

9 社葬後に必要となる書類等一覧 ･･････････････ 122

One Point Check 法定相続情報証明制度 ･･････････････ 123

2 労務関係 ･･････････････････････････ 124

1 退職金 ･･････････････････････････････････ 124

2 給与の精算 ･･････････････････････････････ 124

3 社会保険と労災保険 ･････････････････････ 124

1 健康保険 ･････････････････････････････ 125

2 厚生年金 ･････････････････････････････ 125

3 労災保険 ･････････････････････････････ 126

4 生命保険金（団体生命保険）･････････････････ 127

5 社内預金 ･･･････････････････････････････ 128

6 社葬後に必要となる書類等一覧 ……………………………… 128

  1 年金 …………………………………………………………… 128

  2 保険 …………………………………………………………… 129

3 | 税務関係 ………………………………… 130

1 社葬費用の税務上の取扱い ………………………………… 130

  1 社葬費用の範囲 ……………………………………………… 130

  2 「社葬のために通常要する費用」の判断の目安 …………… 132

  3 葬式費用にならないもの（相続税法基本通達13-5）……… 135

  4 密葬費用 ……………………………………………………… 136

  ^{One Point} Check 相続財産から控除できる債務 ……………………… 137

  5 相続放棄者が負担した葬式費用 …………………………… 138

  6 お通夜の費用 ………………………………………………… 138

  7 社葬費用と社葬取扱規程 …………………………………… 138

2 主な社葬関連費用の取扱い ………………………………… 139

  1 香典収入と香典返しの費用 ………………………………… 139

  ^{One Point} Check 香典は相続の対象となるか ……………………… 140

  2 引物の費用 …………………………………………………… 141

  3 法会費用 ……………………………………………………… 141

  4 飲食費用 ……………………………………………………… 142

  5 死亡後の社葬として認められる期間 ……………………… 142

  6 社葬の形態別の費用区分 …………………………………… 142

  7 相続税法上の葬式費用の負担者 …………………………… 144

  8 会社が葬儀費用を負担した場合の遺族側のメリット……… 144

  9 社葬費用と消費税 …………………………………………… 145

  10 社葬費用と株式の評価 ……………………………………… 145

  11 社葬費用の会計帳簿の作成 ………………………………… 146

12 社葬関連費用の勘定科目、費用区分 ……………………… 146

3 役員退職金 …………………………………………………… 150

　1 退職給与の意義 ……………………………………………… 150

　2 役員退職金の決め方 ………………………………………… 151

　3 役員退職金の損金算入時期 ………………………………… 153

　4 役員退職金の分割支給と租税回避 ………………………… 155

　5 退職金の支給確定時期による課税の違い ………………… 156

　6 死亡退職金の支給手続き …………………………………… 157

　7 会社負担の死亡保険金 ……………………………………… 159

　8 取引相場のない株式の評価における死亡退職金の取扱い … 159

　One Point Check　弔慰金贈呈の議案例 ………………………………………… 160

4 弔慰金 ………………………………………………………… 161

　1 遺族が受ける弔慰金の取扱い ……………………………… 161

　2 支出した法人側の取扱い …………………………………… 162

　3 支給方法 ……………………………………………………… 163

　4 取引相場のない株式の評価における弔慰金の取扱い …… 163

5 所得税の準確定申告 ………………………………………… 164

6 相続税の概要 ………………………………………………… 165

　1 相続とは ……………………………………………………… 165

　2 遺産相続の方法 ……………………………………………… 167

　3 相続税申告手続スケジュール ……………………………… 169

　4 相続税額の計算の仕組み …………………………………… 170

　5 相続の手続きに必要な書類一覧 …………………………… 174

7 未分割財産がある場合の申告 ……………………………… 176

　1 遺産分割が確定しないと適用が受けられない特例 ……… 176

　2 相続税の申告期限までに全財産の一部のみしか協議が整わない場合 … 177

8 遺産未分割の場合の賃料の支払い ………………………… 178

9 未払いの役員報酬 …………………………………………… 179

10 同族会社に土地を貸している場合の取扱い ……………………… 179

  1 相続税評価 ……………………………………………………… 179

  2 変更届出書の提出 ……………………………………………… 181

  3 小規模宅地等の評価減特例 …………………………………… 181

＊本書の内容は、平成30年1月1日現在の法令等に依っています。

第1章

社葬の位置づけ

1 社葬とは

1 社葬の起源

　個人が亡くなったとき、葬儀を主催するのは「遺族」と呼ばれる人たちで、その人たちは血縁を中心とした共同体です。

　葬儀は、共同体の一員であった故人の魂の安らかなることを願い、すでに亡くなった先祖の魂とともに平穏であることを祈り、また、残された共同体の構成員の悲しみを浄化する儀式として行われます。

　それでは、社葬はどのように位置づけられるのでしょうか。

　「『社葬の経営人類学』（東方出版）の著者で、国立民族学博物館教授・中牧弘允氏は、日本の企業のルーツを江戸時代の藩の家臣団に求める梅棹忠夫氏の考え方を紹介しています。それによると、藩は大名を頂点にした一種の経営体であり、わが国における会社という組織は、この藩の文化的伝統を引き継いでいるとしています。」（総務 平成13年7月号　特集「社葬—備えと実務」）

　わが国の会社のルーツをこのように考えると、会社にとって重要な役割を果たした故人を送るのは、共同体としての会社ということになります。

　社葬はいつごろから行われてきたかについて、新聞の死亡広告の研究によると、「団体葬としては、1912年（明治45年）、明治大学の創立者の一人である岸本辰雄氏の葬儀が、「校葬」とされたのが団体葬の古いものの1つとされています。そして、「社葬」という言葉が定着したのも明治末から大正期にかけてであったとされています。」（「中牧弘允編『社葬の経営人類学』山田小慎也「第一部　社葬の成立と展

開」、「第二章　社葬はいつ成立したか」（東方出版））とされています。

　その後、昭和初期には会社の代表者などを社葬という形式で葬送する習慣が定着していったようです。

2　社葬の意義

　葬儀の形態は、大きく個人葬と社葬に分かれます。

　「個人葬」とは一般の葬儀で、葬儀の運営も費用負担も個人（遺族）の責任で行われるものをいいます。

　「社葬」とは、葬儀の運営や費用負担が会社または団体の責任で執り行われる葬儀のことです。

3　社葬の役割

　社葬が果たす役割には次のものが考えられます。

＜故人に対して＞
・故人の功績を称え、御霊の安らかなることを願うこと
＜遺族に対して＞
・企業として故人の功績を遺族に伝え、遺族を慰めること
＜社内に対して＞
・重要な人物を失った組織のメンバーの悲しみに区切りをつけること
・故人を失ったことを災禍として捉えるだけでなく、自社の企業理念や志を再確認し、社員同士の結束力を高める機会になること
＜社外に対して＞
・故人が企業に遺した業績を知らしめること
・会社経営の継承を内外に知らしめ、その新体制を報告する機会になること

第1章　社葬の位置づけ

・社葬を実施することで礼節を重んじる会社であるというイメージ
　アップを図ることができること
・社葬後の会葬御礼のあいさつ回りをすることで、ビジネスチャンス
　を広めることができること

4 社葬の形態

　社葬の形態は歴史とともに変遷しています。当初は、遺族による葬儀の費用を会社が負担することで社葬を名乗るケースが多く、一般的な葬儀と同じ形式で行われていました。

　そこから徐々に遺族の密葬と社葬が分離していきます。家族・親族やごく親しい友人縁者等による葬式を一般に密葬といいます。「閉じられた葬儀」という意味で、「密葬」と呼ばれます。

　現在のように、密葬後しばらく期間をおいてから、改めて会社独自に葬儀式を執行するようになったのは、昭和40年代のころといわれています。

　現在行われている社葬には大きく分けて次の3つの形態に分かれます。

4

■社葬の形態

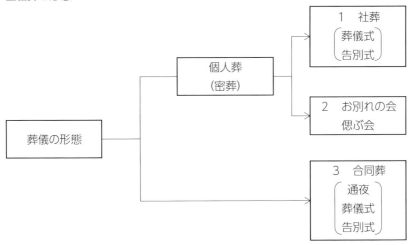

1 近親者による「密葬」ののち、日を置いて故人が生前に信仰していた宗旨で本葬として「社葬」を行う形態

　本葬を控えているときは、死亡直後の葬儀は外部に案内せず密葬を行うのが原則です。

　密葬で火葬を済ませるため、本葬では遺骨による葬儀となります。本葬は葬儀式と告別式に分け、葬儀式に参列するのは遺族、親戚、来賓、会社の主な役職者に限定します。一般会葬者の焼香または献花を受けるのが告別式です。一般の会葬者には、その間待機してもらいますので、案内には葬儀式と告別式のそれぞれの開始時刻を記しておきます。

　しかし、現在では葬儀式に続いてそのまま告別式へと移るのが一般的です。

2 遺族が「個人葬」を執り行ったのち、宗教色のない「お別れの会」あるいは「偲ぶ会」を社葬として行う形態

　スタンダードな社葬として行われる本葬の場合には、葬儀式で宗教

第1章　社葬の位置づけ

儀礼を行うことが多いようですが、「お別れの会」では葬儀式が省かれることが多いようです。葬儀式を行わなければ、一般の会葬者を待たせる必要はなく、また僧侶に対する布施も省くことができます。さらに、来賓の席の指定等の面倒な事務が不要となります。

「お別れの会」は故人の身内が主催しますが、それに対して故人の友人や知人が主催するものを「偲ぶ会」と呼びます。

3　「個人葬」と「社葬」を併せて行う「合同葬」という形態

上記1のスタンダードな社葬は、バブル景気の崩壊による経費削減の波が社葬にも及び、大幅に減少しました。

この現象により増えたのが個人葬と会社の儀式を併せて行う「合同葬」形式で、これが一般的になっています。

通常の葬儀が死後3〜4日で行われるのに対し、合同葬の場合にはそれに1〜2日プラスして行われますので時間的負担が少なくなります。

また、名義は喪家と企業との「合同葬」となっていても、社葬規程で定めておけば会社が費用の全額（ただし、火葬費用、戒名料は除きます。）を負担してもかまいません。

これまで「社葬」を行っていなかった中小企業の社長の葬儀も最近は、小規模な「社葬」を行うケースが増加傾向にあるようです。オーナー企業にとっては時間的負担・経済的負担を軽減できる上に、社葬費用を損金計上できるので都合がいいようです。

ちなみに、故人が複数の企業の役職を兼任していた場合、企業が合同で行う場合にも「合同葬」と呼ばれています。しかし、この意味での「合同葬」は主催または主体の一形態であり、葬儀の形態ではありません。

6

5 個人葬と社葬の違い

　一般的な個人葬では、弔問を受ける葬儀主催者である喪主と、葬儀の費用負担・運営責任者である施主が同一となります。

　これに対して、一般の葬儀では施主は遺族であるのに対し、社葬は故人の属していた企業になります。

　社葬の場合、葬儀の目的も、社葬はより社会的な意味合いの強いものになり、また、運営の主体が企業にあり、企業の経費で葬儀が執り行われます。

　個人葬と社葬の相違点を挙げると、次の表のようになります。

■個人葬と社葬の相違点

	個人葬	社葬
施主	遺族	故人の属していた会社
目的	故人を供養する儀式	故人を供養するだけでなく、会社がその存在意義を社会に認めさせるための儀式
運営主体	遺族であり、遺族が経費負担	会社であり、会社が経費負担
特徴	－	喪主を遺族の代表者が務め、施主は会社となる。 故人が会社に遺した業績を称えるとともに、会社の今後の経営体制が盤石であることなどを知らしめる役割も併せ持つ。

第1章　社葬の位置づけ

6 社葬の流れ

個人葬➡社葬の場合	合同葬の場合
逝　　　　　　　去	逝　　　　　　　去
⬇	⬇
自宅または安置施設へ搬送	自宅または安置施設へ搬送
⬇	⬇
取　締　役　会　開　催	取　締　役　会　開　催
⬇	⬇
葬　儀　の　打　ち　合　わ　せ	葬　儀　の　打　ち　合　わ　せ
⬇	⬇
枕　　　　　　　経	枕　　　　　　　経
⬇	⬇
納　　　　　　　棺	納　　　　　　　棺
⬇	⬇
個　人　葬　の　通　夜	合　同　葬　の　通　夜
⬇	⬇
個人葬の葬儀・告別式	合同葬の葬儀・告別式
⬇	⬇
火　　　　　　　葬	火　　　　　　　葬
⬇	⬇
骨　　　上　　　げ	骨　　　上　　　げ
⬇	⬇
精　進　落　と　し	精　進　落　と　し
⬇	⬇
初　　　七　　　日	初　　　七　　　日
⬇	
社　葬　の　打　ち　合　わ　せ	
⬇	
社　内　外　へ　の　通　知	
⬇	
社　　　　　　　葬	

2 知っておきたい
葬儀の基礎知識

1 葬儀式と告別式の違い

「葬儀」とは「葬送儀礼」の略語で、「葬式」は「葬儀式」と「告別式」という2つの言葉が合わさってできたものです。

「葬儀式」は、仏式の場合は、故人を極楽浄土へお導きするための儀式のことで、僧侶が読経します。これに対して、「告別式」は社会的に故人の死を世間に知らせてお別れを告げる儀式のことで、葬儀式とは異なり、本来宗教的なかかわりはありません。

本来は、別々に執り行われるものですが、現在では、同時に行われることが多く、家族・親族と一般の弔問客が一緒に葬儀式に続いてそのまま告別式へ移るのが一般的となっています。

2 火葬の時期

火葬の順番には、下記のように地方によって違いがあるようです。

① 通夜前火葬……　火葬 ➡ 通夜 ➡ 葬式の順
② 葬式前火葬……　通夜 ➡ 火葬 ➡ 葬式の順
③ 後火葬……　通夜 ➡ 葬式 ➡ 火葬 の順

最も多いのが「後火葬」です。主に北海道・東北地方に多いのが「通夜前火葬」あるいは「葬式前火葬」です。

9

第1章　社葬の位置づけ

3 通夜（つや）の意味

通夜には、神霊が深夜にご降臨するのを迎えるという神仏への祈願や祈祷と、もう1つは、遺体を鳥獣から守るために、遺族や親しい人たちが、火をたきながら一夜を明かしたのが通夜のはじまりだといわれているように、死者に悪霊が取りつくのを除くためという意味があります。

ですから、本来は死者を葬る前に故人とごく親しかった人たちが集まって、故人をしのび、冥福を祈り、最後の別れを惜しみながら、一夜を明かすのです。

昔は、文字どおり徹夜で行ったようですが、現在は夜通し棺を守るのは、ごく少数の肉親などに限られています。

4 通夜ぶるまい

通夜ぶるまいとは、通夜の参列者に振る舞われる酒食のことで、これは、清めの塩と同じように「酒は死のケガレを清める」との意味があります。通夜ぶるまいは、関東を中心とした東日本では一般的な風習です。

関西などの西日本では、通夜料理は身内だけでとるのが通例のようです。

近年は飲酒運転が懸念されるため、酒類を伴った飲食をふるまわないことも多くなっています。

5 密葬と家族葬の違い

社葬に先行する個人葬の場合、後から本葬として社葬で行いますの

10

で、個人葬は近親者・関係者のみで執り行われるため、密葬となることが多くなります。

密葬と家族葬はどちらも「身内だけで見送る葬儀」のことで、明確な違いはありません。

「密葬」は、対外的なお別れである「本葬」とセットで営まれるものです。

しかし、近年では、「本葬」をしないで「密葬」のみで終えるケースが増えてきました。

そうすると、「密葬」を終えたと連絡を受けた人が、「本葬」があるか否か分かりません。そこで出てきた言葉が「家族葬」です。

芸能人や著名人などが行う大規模な葬儀の場合、葬儀の準備に時間がかかるため、先に密葬・家族葬にしておいて、後で本葬やお別れの会、偲ぶ会などを行うことが一般的です。

葬儀にお金をかけたくない場合、故人とのつながりが深かった人だけで葬儀を行いたい場合、死因が事故などの理由で公にしたくない場合にも、密葬が行われています。

第1章　社葬の位置づけ

One Point Check　仏名（ぶつめい）

仏教には、人は亡くなると仏の弟子になるという教えがあり、菩提寺から仏名を授かります。

仏名は宗派によって呼び名が変わります。

・天台宗、真言宗、曹洞宗など……………戒名

・浄土真宗………………………………………法名

・日蓮宗…………………………………………法号

仏名は院号・道号・戒名・位号から構成されています。戒名と呼ぶ部分はたった二文字で表現されています。

・一般的な仏名は、

○○院	院号	生前の信仰の深さや社会的貢献度の高い人に対してつけられます。
△△	道号	故人の人柄や趣味などにちなんでつけられます。
□□	戒名または法号	本来の戒名。2字のうち1字は故人の俗名（本名）から、1字は故人の生前が偲ばれるような字や仏教の経典由来の字が使われます。
居士	位号	仏弟子としてのランクづけです「信士・信女」からはじまり、上は「大居士・清大姉」となります。

12

第2章

経営者の死亡に対する日ごろからの備え

1 "もしものとき" のための事前準備

1 社葬取扱規程の制定

　総務部門の重要な業務の1つに社葬があります。訃報は突然訪れるため、いざというとき冷静に対応できるように日ごろからの備えが大切です。どのような場合に社葬とするのか、その規模をどうするかなど、いざというときに役員が集まって長々と議論していては、会社の業務が滞ってしまいます。そのために「社葬取扱規程」を制定しておくことが大切です。

　社葬取扱規程に盛り込むべき項目は、次のとおりです。

---

①総則、②実施者の決定、③名称、④社葬の執行範囲、⑤社葬費用の基準、⑥葬儀委員長および葬儀委員、⑦葬儀委員長の責務、⑧葬儀委員の責務、⑨葬儀実行委員長および葬儀実行委員、⑩葬儀実行委員長の責務、⑪葬儀実行委員の責務、⑫社業の休務、⑬社葬の服装、⑭香典、供花、⑮会社の供花、⑯規程の改訂、⑰実施の期日および主管部門

---

1 総則

　「社業に功労のあった役員及び社員が死亡したとき、会社は社葬をもって遇し」など、その会社の社葬の定義を総則で決めておきます。

2 社葬実施の決定者

　社葬を実施するに当たり、たとえば「取締役会」など、誰が決定するのかを明確にしておきます。

　社葬は、会社で一方的に決めるものではなく、遺族の意向が十二分

に反映されたものでなければならず、意向を考慮した上で取締役会等の決議によって具体的に決定されることになります。

3 社葬の名称

「株式会社○○○社葬」など、社葬の名称を規定しておきます。

4 社葬の執行範囲の基準

社葬は、誰が死亡した場合に社葬とするかが問題となりますが、一般的な対象者は次のようになります。

① 会社のトップ層

会長、社長、副社長、専務、常務その他の役員

② 会社に功績のあった人

創業者、会長・社長等を長年勤めて退職した人等

③ 殉職した社員

5 社葬費用の基準

遺族と会社の費用の分担は、一般に、死亡時の病院の支払いと自宅での密葬に要した費用は遺族側の負担、社葬の関係経費を会社が負担します。

しかし、死亡時から葬儀（社葬）終了までのすべての葬儀費用を会社が負担する「社葬」や、葬儀費用の一部のみを会社が負担して遺族と合同で葬儀を行う「合同葬」があります。

社葬のレベルを設定し、どこまでの費用を会社側が負担するのか決めておきます。

■社葬を行う場合の会社負担の３つのタイプ

①	全部負担型	すべての葬儀費用を会社が負担する
②	中　間　型	お寺に関する費用は遺族が負担し、他は会社が負担する
③	一部負担型	葬儀費用の一部のみを会社が負担する

6 葬儀委員長と葬儀委員

葬儀委員長は社葬の最高責任者で、式の中心的存在です。亡くなっ

たのが会長や役員の場合、通常は社長が選ばれます。

また、社長の葬儀の場合は、会長や副社長が葬儀委員長に選ばれることが多いようですが、故人と親交の厚かった社会的地位のある外部の人（他社の社長・取引先銀行の代表・故人と親交の深かった友人など）に依頼することもあります。

葬儀委員は、葬儀委員長を補佐して、社葬遂行に努めるのが責務です。したがって、葬儀委員は役員全員が務めるのが一般的です。

7 葬儀実行委員長と葬儀実行委員

葬儀実行委員長は、日頃から経営トップの補佐として従事していることから、ほとんどの場合、総務部長が選ばれます。

社葬取扱規程で葬儀実行委員長や葬儀実行委員に誰がなるか決めておき、それぞれの職務を明記します。

実行委員長は、以下の任務を担います。

- 社葬運営の陣頭指揮
- 葬儀委員長や葬儀委員との連絡
- 遺族や寺院との連絡
- 葬儀社との打ち合わせ
- 実行委員への指示

8 「社葬取扱規程」の例

次に掲げる事例は、「社葬取扱規程」の一例です。

■社葬取扱規程（ひな型）

株式会社○○○　社葬取扱規程

第1条（総則）

社業に多大な功績を残した功労者が死亡したときは、会社は社葬をもってこれを遇し、全社を挙げてこれにあたる。社葬に関しては、本規定をもって適用する。

第2条（決定）

本規定による社葬実施は取締役会がこれを決定する。ただし、遺族から社葬辞退の申し出があるときは、これを尊重することがある。

第3条（名称）

　前条により執行される社葬の名称は「株式会社○○○社葬」とする。

第4条（執行範囲）

　社葬の執行範囲は下記の通りとする。ただし、変更の必要が生じた場合は取締役会がこれを決定する。

〔社葬レベル１〕

⑴　現役の会長または社長が死亡したとき

⑵　会長または社長として在職10年以上の期間を有する者が死亡したとき

〔社葬レベル２〕

⑶　現役の副社長、専務、常務が死亡したとき

⑷　会長または社長として在職10年未満の期間を有する者が死亡したとき

⑸　現役役員が業務上の理由で死亡したとき

〔社葬レベル３〕

⑹　前項⑴から⑸以外の役員が死亡したとき

⑺　副社長、専務、常務が退任後３年以内に死亡したとき

〔社葬レベル４〕

⑻　取締役会が認める社員が死亡したとき

第5条（社葬費用の基準）

　前条による社葬費用の基準を以下のとおりとする。

〔社葬レベル１〕

　死亡時より葬儀（社葬）終了までの総費用。

　ただし、戒名料を除く。

〔社葬レベル２〕

　死亡時より葬儀（社葬）終了までの費用中、戒名料、布施またはそれに類する費用を除いたもの。ただし、社葬当日の布施については社葬費用とする。

〔社葬レベル３〕

　社葬当日の費用。社葬当日の布施については社葬費用とするが、戒名料またはそれに類する費用はこれを除く。

〔社葬レベル４〕

　取締役会の決定により、前３項のいずれか、またそれに準じて社葬費用の基準を定める。

〔遺族から社葬を辞退された場合〕

　葬儀に要した費用は上記に準じて支払う。

第6条（葬儀委員長、葬儀委員の決定）

　本規定による社葬は、会長または社長が葬儀委員長となり、役員全員が葬儀

委員となる。

　ただし、取締役会の決議により故人と親交のあった外部の人に葬儀委員長をお願いすることを妨げない。

第7条（葬儀委員長の責務）

　社葬に関するすべての統括を行う。

第8条（葬儀委員の責務）

　葬儀委員長を補佐し、社葬遂行に努める。

第9条（葬儀実行委員長、葬儀実行委員の決定）

　本規定による社葬は、総務部長が葬儀実行委員長となり、葬儀実行委員を選任する。

第10条（葬儀実行委員長の職務）

　葬儀実行委員会を主催し、実質的な社葬の企画運営を行う。

第11条（葬儀実行委員の職務）

　葬儀実行委員長を補佐し、担当ごとに実質的な社葬業務を行う。

第12条（社業の休務）

　本規定による社葬当日においては、特別な場合を除き社業を休務とする。

第13条（社葬の服装）

　社葬当日の服装は、葬儀委員長はモーニング、葬儀実行委員長および葬儀実行委員は略礼服とする。

第14条（香典、供花）

　社葬葬儀当日の香典、供花類は一切辞退する。

第15条（改正）

　本規程に改正の必要がある場合は、取締役会の承認を得て改正する。

第16条（実施の期日および主管部門）

　本規程の実施を、平成○○年○○月○○日からとし、この主管は総務部が行う。

2 役員の経歴書の作成

　生年月日、学歴、職歴、関連会社の役職の有無、公職の有無など役員個人の経歴をすべて正確に把握し、経歴書を作成しておくことが大切です。

1 "もしものとき"のための事前準備

3 連絡先名簿の作成

　参列者の人選を行うため、退任役員、社員、金融機関、得意先、仕入先、税理士、弁護士、株主、所属する業界団体や故人の所属する団体等関係先すべてを網羅した連絡先名簿を作成しておきます。

　また、社内の各部門の責任者へ訃報を知らせる緊急連絡体制も準備しておきます。

■連絡先名簿

企業・団体名	部署名	担当者名	住 所 ・ 電 話
			住所 電話 （　　　） FAX （　　　）
			住所 電話 （　　　） FAX （　　　）
			住所 電話 （　　　） FAX （　　　）
			住所 電話 （　　　） FAX （　　　）
			住所 電話 （　　　） FAX （　　　）
			住所 電話 （　　　） FAX （　　　）
			住所 電話 （　　　） FAX （　　　）

※各担当者はそれぞれの関係者リストを作成して、葬儀本部に提出します。

第2章　経営者の死亡に対する日ごろからの備え

■緊急連絡先リスト

役　　職	氏　　名	社　　内内線番号	携帯番号	自　　宅電話番号	メ ー ルアドレス

4　遺影用写真の用意

　会社内で開催された各種の式典の写真、ネガ・データの保管をしておきます。

5　社葬対応マニュアルの作成

　社葬には多くの人がかかわりますので、それぞれの役割の明確化と全体の流れの理解のために「社葬対応マニュアル」を作成しておきます。
　このマニュアルに盛り込むべき項目は、次のとおりです。

①葬儀実行委員会の役割と組織図、②実行委員会各係の役割、③社葬の進行、④社葬後の事務処理　など

　「社葬対応マニュアル」の作成については、第3章で解説します。

20

One Point Check　香典の意味

香典とは、死者の霊に手向ける香の代金という意味です。昔は、香や花や供物を供えたものですが、現在はその代わりに現金を包むようになったわけです。

現在は宗教に関係なく、霊前に供える現金を香典といいます。

また、葬儀などにかかった費用より香典の方が多く、余りが出た場合には香典返しとして返したり、寺に寄進されていたそうです。

現代ではそれが慣例となって、余った金額に関係なく、香典の額に応じた品物（3分の1～半額程度）を返すようになっています。

香典袋の表書きは宗教によって違います。

・仏式の場合

　御香典、御香料、御華料など

・神式の場合

　御玉串料、御榊料など

・キリスト教式の場合

　カトリックは御ミサ料、プロテスタントは御花料など

なお、「御霊前」は浄土真宗を除く各宗派に通用します。

2 "あわてない！" 訃報直後の対応

1 代表取締役の逝去時に "まず" やらなければならないこと

　代表取締役の逝去時に、"まず" やらなければならないのは、葬儀社に連絡して、故人の自宅あるいは寺院など適切な場所への遺体搬送の手配をすることです。

　それと同時に、至急、取締役会を開催することです。取締役を招集して、会社の意思として社葬を執り行うことを決定する必要があります。また、どのレベルで社葬を行うか、費用負担はあらかじめ規定したレベルに応じた基準でよいか、葬儀委員長は誰にするか等を検討します。

　前述した「社葬取扱規程」があれば、会議はスムーズに進行します。

2 社葬を行うかの判断

1 遺族の意向確認

　取締役会で社葬の実施を決定したからといって、すぐに社葬の内容決定や準備に入るわけにはいきません。会社側から社葬を営みたいという旨を遺族に申し入れをして、同意を得ることが大切です。

　遺族の意向確認の進め方は、次のとおりです。

　①　遺族に対して社葬執行の申し入れをします。

　②　同意が得られた場合は、遺族のすすめる葬儀に会社として関与

します。

③　遺族との間で取り決める項目などを確認します。

　　　㋑遺族、親族側の人数、㋺司会者を喪家で手配するか会社で手配するか、㋩希望葬儀場所・日時はあるか、㋥費用の分担、㋭供花・供物・香典の受諾の有無　など

④　葬儀社を確認します。

2　葬儀社の決定

　葬儀社は社葬をよりよく執行する上で、一番の相談相手になってくれます。これまで葬儀社とのつき合いがない場合は、電話帳で調べるなり、市区町村の民生課、依頼する寺や神社に問い合わせて、事前に調査し情報を得ておく必要があります。

　葬儀社決定のポイントは、次のとおりです。

①　社葬実績があるか

②　社葬の企画・プランニングが行える経験豊富な社葬専門のスタッフが揃っているか

③　生花、料理、引出物、貸衣裳、車両など一括で手配できるか

④　専門式場を所有または紹介式場を有しているか

⑤　正社員が多数在籍しているか

⑥　明朗な見積書を提示してくれるか

　葬儀社の仕事は、本来、祭壇の準備と葬式の段取りや進行が中心で、宗教儀式は宗教者が行い、霊柩運送事業者、生花業者、火葬場業者、仕出し料理業者、返礼品・香典返し業者など、さまざまな分野に及ぶ各葬儀関連業者と連携しながら、葬儀一連を執り行っています。

　社葬を得意とする葬儀社では、社葬取扱規程の作成なども熟知していますので、参考資料の提供やアドバイスを受けることができます。

3　宗教家への依頼

　現在、日本の葬儀は、ほとんど仏式で行われていますが、死亡と同

第2章　経営者の死亡に対する日ごろからの備え

時に仏式、神式、キリスト教式、無宗教の葬儀（音楽葬、山岳葬など）のいずれの形式にするか決めて、日ごろから信仰している寺・神社・教会があれば、導師の依頼や会場の確保のために通夜・葬儀・告別式の予定を確認します。

　寺や神社への謝礼は、規定があればそれに従います。

　また、謝礼を渡すタイミングは、通夜の日にまとめて渡す、すべてが終わった後に渡すなどいろいろです。

　謝礼の金額、渡す時期は葬儀社に尋ねるとよいでしょう。

3 密葬への会社のかかわり方

　密葬を喪家の葬儀とし、社葬を会社の葬儀として執り行う場合と、合同葬のように密葬も社葬の一部として執り行う場合もあります。

　喪家の儀式として密葬を執り行う場合でも、会社側から受付、接待などお手伝いを派遣する場合が多いようです。

4 緊急役員会

　社葬の緊急役員会での各種決定事項は、第3章「1　社葬を実施するための準備」の諸項目をご参照ください。

第3章

社葬の実施と具体的対応

1 社葬を実施するための準備

1 社葬の概要の決定

1 社葬規模・形式の決定

　喪主の意向を考慮し、社葬の規模を配慮の上、宗旨を確認して信頼できる葬儀社を選定します。

2 式場・日程の決定

　式場・日程の決定順序は、次のとおりです。

① 参列者数を把握します。

② 予想人員で社葬の執行が可能な場所を数か所選定します。

③ 社葬を実施する場所の選定には遺族の希望を入れます。

④ 式場の使用可能日と宗教家の都合を勘案して、日時を決定します。

⑤ 告別式の日時は、土・日・祝日は避けて平日で、「友引」以外の日のお昼ころが望ましいとされています。

⑥ 死亡してから火葬までは、24時間以上の経過が必要です。

　葬儀式場は、専門の葬儀場、各寺院等がありますが、設営の手間などを考えた場合には、専門の葬儀場が最も便利がよいと思われます。

3 日程表の作成

　社葬までの日程が決定したら、早急に日程表を作成し、社内および喪家に公表します。

　社外への死亡の通知（39ページ参照）により不幸を知った方からの電話が殺到しますので、電話の応対をするチームを作り、日時の間

違いがないように徹底しておきます。

4 供花・供物・香典の受諾の有無

供花の辞退をする場合は、次の理由によるようです。

① 配列順位が難しくトラブルになりかねない。

② 式場が狭くて並べられない。

③ あまりにも少ないとみすばらしく、逆に多くて並べきれないと
失礼になる。

しかし、供花の辞退を決定した場合でも、供花のない式場は寂しく、雰囲気が出ないため、金融機関、特に重要な取引先に限って受け入れることも多いようです。

香典は、首都圏（特に東京）では、社葬やお別れの会で受領することはないようです。喪家との合同葬の場合は遺族の意向に従うとよいでしょう。

5 概算予算・費用分担の決定

葬儀の費用は、その規模によっても大きく変わってきますが、会葬者の人数と香典の平均的な金額は、ほぼ予想がつきますから、それを1つの目安として考えればよいでしょう。

その総額内で、葬儀社への支払い、会葬者への接待、寺社へのお礼、雑費がまかなえれば理想的だといわれています。

なお、葬儀社は費用のデータを蓄積していますので、葬儀社に相談するのがよいでしょう。

予算を示して、葬儀社以外の寺・神社・教会への謝礼、会葬者への接待費も含めて、葬儀社に任せるという方法もあります。

財団法人日本消費者協会のアンケート調査結果によると、葬儀にかける費用の全国平均は約196万円です。

これには、お経、戒名、布施など寺院関連費が含まれていますが、香典返し、火葬場への支払いは含まれていません。

第3章　社葬の実施と具体的対応

　葬儀費用といっても、式の形式や規模、地域によって風習や慣例も異なりますので、金額はあくまでも目安と考えたほうがよいでしょう。

　葬儀社から見積書について詳しく説明してもらい、確認して納得した上で依頼するか否かを決定すべきです。

■全国平均費用

葬儀費用一式	飲食接待費	寺院費用	葬儀費用の総額
121.4万円	30.6万円	47.3万円	195.7万円

（出典）　財団法人日本消費者協会 第11回「葬儀についてのアンケート」平成29年1月

6　葬儀委員長の決定

　社葬は会社にとってやり直しのきかない重要な儀式です。したがって、全社で取り組み、厳粛かつ整然と執り行えるようにしておく必要があります。

　そのためには、あらかじめ役割分担を定め、いざというときに迅速かつ組織的に動ける体制を整えておきます。

　社葬実施の決定と同時に葬儀委員長および葬儀実行委員長を指名し、この指揮の下に進行を図ることになります。

　葬儀委員長は、社葬の最高責任者であり、社葬の構成や評価に大きな影響がありますので、それに相応しい人を選ぶべきです。

　社葬を運営するための組織は、一般的に次ページの図のようになります。

28

1 社葬を実施するための準備

■組織図例

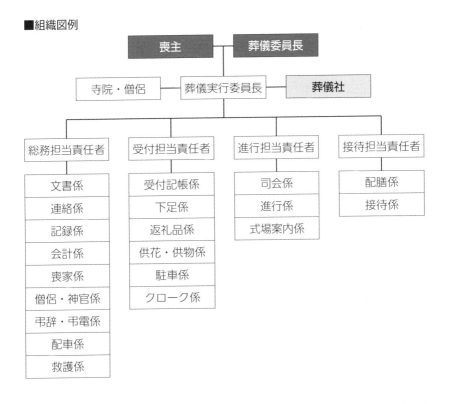

7 各担当の決定

各係の担当と職務の内容の一例を挙げると次のようになります。

役職名	職務の主な内容	責任担当者
葬儀委員長	社葬の執行代表者	
葬儀実行委員長	社葬の全体を把握し、企画、進行の実務を統括・推進します。	
総務担当責任者	社葬の企画と運営を統括し、会計管理を統括します。	
受付担当責任者	社葬の受付関係全般を統括します。	
進行担当責任者	社葬の進行、司会を統括します。	
接待担当責任者	社葬の接待関係全般を統括します。	

第3章　社葬の実施と具体的対応

役職名		職務の主な内容	責任担当者
総務	文　書　係	・死亡通知状の作成 ・社内通達の作成 ・死亡広告の文案の作成と手配 ・会葬御礼の文案の作成と手配 ・叙位叙勲資料の作成と手配 ・案内図の作成	
	連　絡　係	・喪家への連絡 ・僧侶への連絡 ・取引先への連絡 ・来賓への連絡 ・社葬参列者への対応	
	記　録　係	・写真撮影 ・ビデオ撮影 ・供花撮影 ・弔辞文保管 ・弔電保管	
	会　計　係	・予算管理 ・香典の管理 ・出納管理 ・会計報告書の作成	
	喪　家　係	・喪家との打ち合わせ ・喪家、親族の送迎と接待 ・式場での親族との対応	
	僧侶・神官係	・僧侶・神官との打ち合わせ ・僧侶・神官の送迎と接待 ・式場での僧侶・神官との対応	
	弔辞・弔電係	・弔辞の依頼 ・弔辞文の筆耕 ・弔電の受付と整理	
	配　車　係	・葬儀に必要な車両やタクシーの手配	
	救　護　係	・葬儀参列者および会葬者から病人が出た場合の看護および医師への連絡	

30

役職名		職務の主な内容	責任担当者
受付	受付記帳係	・会葬者の記帳記録を担当し、香典等の受付保管	
	下足係	・会葬者の下足管理	
	返礼品係	・会葬者への香典等返礼品の配布配送 ・返礼品の管理保管	
	供花・供物係	・供花・供物の受付と手配 ・供花の配列	
	駐車係	・駐車場の確保 ・駐車場案内・誘導・整理 ・所轄警察署との折衝	
	クローク係	・会葬者の携帯品(傘、コート、手荷物など)のお預かり・保管と引き渡し	
進行	司会係	・司会を補佐	
	進行係	・葬儀社と進行、タイムチャートの作成 ・当日のタイムキーパー	
	式場案内係	・一般会葬者の案内 ・焼香の案内	
接待	配膳係	・座布団、湯呑み、茶菓等、食事の手配	
	接待係	・来賓、遺族親族、僧侶・神官、一般会葬者の接待	

　社葬におけるスケジュールと各委員諸係の役割は、一般的に32〜33ページのようになります(通夜前火葬の場合)。

　なお、スケジュールはわが国の葬儀の9割方を占める仏式の例によっています。

■臨終～通夜のスケジュールと担当者の役割

スケジュール	葬儀委員長等	総務委員	受付委員	進行委員	接待委員
臨終直後	役員会にて社葬決定				
	喪家・葬儀社と葬儀規模等の打ち合わせ	僧侶・葬儀社と日程を打ち合わせ			
納棺		取引先通知 新聞広告掲載 会葬礼状作成			
出棺	葬儀委員長等火葬場へ移動	火葬場までの車両の確保			火葬場待合室用茶菓子の準備
火葬		自宅へ戻る車両の確保		葬儀社と式次第の打ち合わせ	火葬場待合室での接待
収骨				式次第の作成	
通夜当日		喪家・僧侶移動車両の確保	供物の配列整理		茶菓子の確認
			受付用具確認 返礼品確認		接待用品の確認
4:00	全員集合・最終ミーティング	全員集合・最終ミーティング	全員集合・最終ミーティング	全員集合・最終ミーティング	全員集合・最終ミーティング
4:30	喪家遺骨到着着座		受付開始 駐車場の誘導	式次第の確認 会葬者の誘導	僧侶接待
通夜開式 6:30	葬儀委員長挨拶	香典収入の預かり		司会進行	会葬者接待
通夜閉式 7:30		喪家・僧侶移動車両の確保		翌日の葬儀進行の確認	
	喪家遺骨帰宅	喪家遺骨見送り 法事の確認	喪家遺骨見送り 後片づけ	喪家遺骨帰宅 後片づけ	喪家遺骨帰宅 後片づけ

1　社葬を実施するための準備

■葬儀のスケジュールと担当者の役割

スケジュール		葬儀委員長等	総務委員	受付委員	進行委員	接待委員
葬儀当日			喪家移動車両の確保	供物の移動整理受付用具確認		
	9：00	全員集合・最終ミーティング	全員集合・最終ミーティング	全員集合・最終ミーティング	全員集合・最終ミーティング	全員集合・最終ミーティング
	9：30	喪家遺骨到着着座	僧侶移動車両の確保	返礼品確認受付開始駐車場の誘導	式次第の確認会葬者の誘導	生花包装の支度
葬儀開式	11：00				司会進行	生花包装
		葬儀委員長挨拶	香典収入の預かり			
葬儀閉式	12：00	一般会葬者見送り	一般会葬者見送り	一般会葬者見送り	一般会葬者見送り	一般会葬者見送り
取越法要	12：10	着座	僧侶移動車両の確保	受付所の整理供物後片づけ	焼香の案内	
会食	12：30	喪主挨拶後会食	法要での接待		法要での接待	法要での接待

（出典）　弘前公益社　社葬パンフレット

One Point Check　喪服

　喪服には、正式礼装（モーニングコート・ブラックフォーマルドレス）・準礼装（ブラックスーツ・ブラックフォーマルスーツ）・略礼装（ダークスーツ）があります。

　正式礼装（モーニングコート・ブラックフォーマルドレス）とは、格式が最も高く正式な装いです。

　準礼装（ブラックスーツ・ブラックフォーマルスーツ）とは、正式礼装に準じた服装で、一般的な喪服です。

　略礼装（ダークスーツ）は、準礼装よりも普段着に近くなります。一般的に略礼装として着用する服装はダークスーツです。

　最近増えている「偲ぶ会」や「お別れの会」に『平服』でという案内があります。『平服』とは略礼装であるダークスーツのことですから、男性の場合は濃紺かチャコールグレーの無地のスーツに白いワイシャツ、地味なネクタイで、また女性の場合にもそれに準じて控えめな色

第3章　社葬の実施と具体的対応

（茶色・ベージュ系は避けます。）の洋服を着るとよいでしょう。

8　議事録の作成

　社葬は会社の業務として行われますので、後日の税務処理を考慮した場合に、葬儀委員長や必要費用の処理等の決定については、そのときの議事録を残しておくことが求められます。

　なお、葬儀の方法には、会社葬儀と遺族による葬儀と2本立てで行う例もないではありません。

　しかし、逝去しますと、通夜・仮葬儀、本葬儀、初七日…と一連の行事が短期間のうちに執り行われます。したがって、通常は、通夜・仮葬儀または密葬は、遺族で行うこととし、本葬儀については社葬にする例が多いようです。

　社葬の議事録に記載する内容は、次のとおりです。

- ●日時・場所
- ●取締役総数と出席者数、監査役総数と出席者数
- ●社葬を行う旨
- ●社葬に関する費用の取り決め（遺族と会社の費用負担）
- ●その他の取り決め（香典・供花）等

　本葬儀について、これを社葬とする取締役会議事録の例は、次のとおりです。

取締役会議事録

　平成〇〇年〇〇月〇〇日午前〇〇時〇〇分、当会社本社会議室において取締役会を開催した。

取　締　役　総　数　　　〇名

---

1 社葬を実施するための準備

出 席 取 締 役 数	○名
監 査 役 総 数	○名
出 席 監 査 役	○名

　以上のとおり出席があり、本会は適法に成立した。

　よって、代表取締役社長○○○○は議長席に着き開会を宣し、直ちに議案の審議に入った。

議案　故　○○○○氏の社葬の件

　議長より、平成○○年○○月○○日死去した当社代表取締役会長○○○○氏の生前における当社事業発展への貢献に報いるため、次の要領により社葬を営みたい旨提案し、議場に諮ったところ、全員一致をもって、これを承認可決した。

　　1．通夜
　　　　日時　　平成○○年○○月○○日（○曜日）午後○○時より
　　　　場所　　○○○○○○○○ホール
　　2．葬儀・告別式
　　　　日時　　平成○○年○○月○○日（○曜日）正午より
　　　　場所　　○○○○ホテル○○○○の間
　　3．葬儀委員長
　　　　○○○○銀行　代表取締役頭取　○○○○
　　4．費用負担
　　　　葬儀に要する費用は、戒名料を除き当会社の負担とする。
　　5．香典収入
　　　　香典収入は、当会社で整理してその全額を○○家に引き渡す。
　　　　なお、香典返しの事後整理については当会社において行う。
　　6．当会社の香典
　　　　当会社の香典は、金○○○○○○○円とし、現金にて霊前に供える。
　　7．供花
　　　　生花および花環各々2基を手向ける。

　以上をもって議事全部を終了したので、議長は午前○○時○○分閉会を宣した。

　以上の決議の結果を明らかにするため、本議事録を作成し、出席取締役

第3章　社葬の実施と具体的対応

および監査役は次に記名押印する。

平成〇〇年〇〇月〇〇日

株式会社　〇〇〇〇〇〇　取締役会

議長代表取締役社長　　〇　〇　　〇　〇
出　席　取　締　役　　〇　〇　　〇　〇
同　　　　　　〇　〇　　〇　〇
同　　　　　　〇　〇　　〇　〇
同　　　　　　〇　〇　　〇　〇
出　席　監　査　役　　〇　〇　　〇　〇

2 社内通達

　役員の訃報および社葬に際し社員に伝えなくてはいけないことと、その伝達方法は次のとおりです。

1 社内通達の方法

　訃報を流すと、すぐに社外から電話が殺到します。問い合わせに対する回答を統一するために、社内に通達を出さなければなりません。まず、朝礼で通達し掲示板に掲示します。

- 第1回通達……社外からの問い合わせに関する通達
- 第2回通達……こちらから案内しなければならない先への連絡先を通達（連絡係を各部署で決めます。）
- 第3回通達……社員参列の通達（参列範囲、参列者の服装、参列の注意事項)
- 第4回通達……社葬当日のスケジュール

1　社葬を実施するための準備

■訃報通知表（社内用）例

	訃報通知表 月　　日 ○○株式会社　総務部
（ふりがな） 氏名	年　　月　　日生（　　歳）
死亡年月日	平成　年　月　日（　曜日）午前／午後　時　分
（ふりがな） 喪主氏名	死亡者との関係（　　）
葬儀の日程	出棺　　月　　日（　）　　時　　　場所 火葬　　月　　日（　）　　時　　　場所 通夜　　月　　日（　）　　時　⎫ 葬式　　月　　日（　）　　時　⎭　場所
連絡先	○○株式会社　総務部 住所　　　　　　　　　　　　　電話
備考	

2　社内通達の例

社葬参列の社内通達の例は次のとおりです。

社葬日時	○月○日○時〜○時
場所	○○寺院
集合方法	本社玄関前にて○時○分集合、マイクロバスにて送迎
参列の範囲	係長以上の参加。ただしそれ以外の者で参列希望者は、総務部○○まで申請の上、参列すること。

※支店は支店長、営業所は営業所長のみ参列のこと。詳しくは総務部○○まで。

参列しない者は、通常どおり就業、ただし○月○日正午をもって黙祷します。服装についても通常どおりとします。

37

第3章　社葬の実施と具体的対応

3 社葬時の服装の指示例

関係者・担当者	服　装
葬儀委員長	正式礼装モーニング
喪主	男性：正式礼装（モーニング） 女性：正式礼装（黒のワンピース・スーツ、アンサンブル、黒羽二重の染め抜き五つ紋の着物と羽織に袴）
親族	男性：準礼装（ブラックスーツ） 女性：準礼装（黒のワンピース・スーツ、アンサンブル、黒無地に染め抜き五つ紋の着物）
親族の高校生以下	男子学生服：靴下黒、黒の靴 女子学生服：黒のストッキング、黒の靴 ※色使いの派手な帽子、スカーフ、リボン、ネクタイはなるべく黒に変える。
役員・実行委員 （各係）	男性社員：準礼装（ブラックスーツ）（社章をつける場合もあります）、胸章をつけます。白無地のワイシャツ、黒のネクタイ、黒の靴下。 女性社員：黒のワンピース・スーツ、アンサンブル、黒のストッキングで統一（社章をつける場合もあります）。長い髪の女性は、黒いリボンで結びます。
接待係	男性社員：同上 女性社員：同上
一般社員	男性社員：同上（社章をつけます） 女性社員：同上（社章をつけます）

※　夏でも長袖のシャツが好ましい。上着も着用します。
※　駐車場係と順路案内係は防寒着を着用できます。
※　雨の場合の傘は黒とします。
※　色使いの派手な物はさけます。

4 社員の香典

　香典、供花は部署ごとに一同で出すケースが多いようです。役職者に対しては、金額のめどを示し、一般社員に対しては辞退とするケースが多いようですが、はっきりとした会社の方針を社内に通達するこ

とが大切です。

5 社葬に参列しない社員の当日の対応

朝礼の時に弔意を表す黙祷を行ったり、社葬開始時間に合わせて黙祷を行う方法があります。また、当日に社内で通常業務としてお客様に対応する社員だけ喪章を付け、喪に服す姿勢を社外に表す方法が一般的です。

3 社外への通知

社外への社葬の伝え方やポイントは、次のとおりです。

1 社外への対応

実行委員長が、社葬を実行するときの担当を決定しますが、その際に重要なことは「社葬実行方針」を併せて各担当者に発表することです。

この実行方針とは、具体的にいえば、葬儀の規模（参列者の人数）、式場、式の形式（仏式、神式あるいは無宗教）や、香典、供花は頂戴するのか辞退するのか、というようなことです。

担当者は社外からの問い合わせに対応するため、実行方針、要領を周知します。

One Point Check 「殿」と「儀」の意味

訃報において故人につける敬称は「儀」。

訃報は取引先に送るものですから、故人は身内になり、様や殿という敬称をつけるとおかしくなりますので、故人につける敬称として「儀」を使います。

「儀」という文字は、「○○のこと」「○○に関すること」という意味です。

39

2 新聞広告による案内

広告については、葬儀社のほか、広告代理店でも対応してくれます。

3 広報の仕方

社葬執行の実行方針について広報するとともに、社内外からの問い合わせに対応します。

具体的には、死亡通知状の発送、社内通達の作成と発行、死亡広告の手配（死亡記事、訃報広告、社葬の広告）などです。

4 文書作成

広告の文面や葉書（社葬案内状、会葬礼状、その他各種礼状）の文面作成と、葉書書類の手配をします。

原稿の作成については、文書係と十分な打ち合わせを行います。

文面、手配数量は、実行委員長の承諾を取ります。

■取引先への通知例（FAX 他）

弊社取締役会長
〇〇〇〇
〇〇〇〇　儀

病気療養中のところ　〇月〇日　午後〇時〇分永眠いたしました

ここに生前のご厚誼を深謝し謹んでご通知申し上げます

火葬通夜および葬式の儀は　社葬により左記のとおり執り行います

一、場所　〇〇〇〇〇ホール

一、葬式　〇月〇日　午前〇時

一、通夜　〇月〇日　午後〇時

　　　　　於　〇〇市斎場

一、火葬　〇月〇日　午前〇時

平成〇〇年〇月〇日

〇〇市〇〇〇〇〇
株式会社　△△△△
代表取締役　〇〇〇〇

■一般的な社葬通知例（通夜前火葬の場合）（新聞広告）

弊社取締役会長○○○○儀
病気療養中のところ○月○日午後○時○分逝去されました
ここに生前のご厚誼を深謝し謹んでご通知申し上げます
火葬通夜ならびに葬式の儀は社葬により左記のとおり執り行
います

　　　　記

一、葬式　　○月○日　午前○時
一、通夜　　○月○日　午後○時　共に○○
一、火葬　　○月○日　午前○時　　　○○市斎場
　　　　　　　　　　　　　　　　　　○○ホール

平成○○年○月○日

○○市○○○○○
株式会社○○○○○
代表取締役
電話○○○
　　　△△△△
　　　　△△△

父○○○○儀（行年○○○歳）病気療養中のところ○月○日午
後○時○分永眠いたしました
ここに生前のご厚誼を深謝し謹んでご通知申し上げます

○○市○○○○
電話○○○

喪　　主　　○○○○
妻　　　　　○○○○
喪主妻　　　○○○○
二　　男　　○○○○
親戚代表　　○○○○
友人代表　　○○○○

本広告をもって一般ご通知に代えさせていただきます

第3章　社葬の実施と具体的対応

■合同葬の通知例（個人葬と社葬を併せて行う場合、通夜前火葬の場合）

弊社創業者　相談役　○○　○○　儀

○月○日午前○時○○分永眠いたしました
ここに生前のご厚誼を深謝し謹んでご通知申し上げます
火葬通夜ならびに葬式の儀は株式会社△△△と○○家の
合同葬により左記のとおり執り行います

　　　　記
一、火葬　○月○日　午前○時
一、通夜　○月○日　午後○○時○○分
一、葬式　○月○日　午前○時

　　共に〉○○市斎場
　　　　　ホール
　　　　　○○市○○○

平成○○年○月○日

株式会社　△△△
代表取締役会長
代表取締役社長
取締役専務
　　　　　　○○○○○○
　　　　　電話○○○○○○

父　○○○○儀（行年○○○歳）病気療養中のところ○月○
日午前○時○○分永眠いたしました
ここに生前のご厚誼を深謝し謹んでご通知申し上げます

喪主　○○○○○
喪主妻　○○○○○
長女　○○○○○
長女夫　○○○○○
ほか孫一同
○○市○○○
電話○○○○○○

本広告をもって一般ご通知に代えさせていただきます

■合同葬の通知例（個人と複数企業が合同で行う場合、通夜前火葬の場合）

株式会社□□□□
株式会社△△△△
代表取締役社長
取締役会長
○○ ○○
○○ ○○ 儀

病気療養中のところ○月○日午後○時○分逝去されました
ここに生前のご厚誼を深謝し謹んでご通知申し上げます
火葬通夜ならびに葬式の儀は株式会社△△△△△、株式会社□□
□□の合同葬により左記のとおり執り行います

記

一、火葬　　○月○日　午前○時
一、通夜　　○月○日　午後○時　　）共に
一、葬式　　○月○日　午前○時　　）○○市斎場○○ホール

平成○○年○月○日

株式会社△△△△
電話△△△△△△

株式会社○○○○
葬儀委員長　○○市○○○

父○○○○儀（行年○○○歳）病気療養中のところ○月
日午後○時○分永眠いたしました
ここに生前のご厚誼を深謝し謹んでご通知申し上げます
○○市○○○

喪主　　　○○○○　電話○○○○○
喪主妻　　○○○○
二男　　　○○○○
妻　　　　○○○○
親戚代表　○○○○
友人代表　○○○○

本広告をもって一般ご通知に代えさせていただきます

第3章　社葬の実施と具体的対応

■お別れの会・偲ぶ会の案内状例

偲ぶ会のご案内

弊社代表取締役社長　○○○○　儀

「お別れの会」および「偲ぶ会」を左記のとおり相営みます
ご多用中誠に恐れ入りますが何卒ご臨席の上御献花賜りますよう御願い申し
上げます

記

一、お別れの会

　　○○月○○日（○）午前○○時～○○時

一、偲ぶ会（ご会食）
　　○○月○○日（○）○○時○○分より
　　（随時ご献花を賜りたく存じます）

一、場　所　○○○○ホテル（○○市○○町○丁目○○番○○号）

一、会　費　一万二千円

尚、大変恐縮に存じますが会費制をもって執り行いますので宜しくお願い申
し上げます

平成○○年○○月○○日

○○市○○町○丁目○○番○号

株式会社○○○○

喪主　○○○○

One Point Check　　**死亡広告の句読点**

死亡通知や会葬礼状などは句読点がない文章が多く見られます。

死亡通知などは、元来、毛筆で書いていたために句読点をつけないというものや、葬儀や法要が滞りなく流れるようにという意味で文章も途切れることなく書いているというものなど、他にも説があるようです。

1 社葬を実施するための準備

5 連絡のポイント

関係連絡先名簿に基づき連絡します。

社内組織を活用し、手分けして連絡しましょう。ただし、連絡方法および連絡内容は事前に話し合い、統一したほうがよいでしょう。

部署ごとに当日までの社葬連絡係を決めて対応するとよいでしょう。先方と面識のある管理職が適任です。

- ●営業部……販売先
- ●購買部……仕入先
- ●経理部……金融機関、生損保会社、証券会社、会計事務所
- ●総務部……退任役員、故人と親交のあった退職社員、親族、故人の交友関係先、後継者の交友関係先、株主、団体、社員

また、先方に来賓で参加していただくか、一般で参加していただくかは連絡先名簿作成時に決定しておきます。

当日までの連絡係が、式場での案内係を担当すると、参列される方も安心でしょう。

この連絡係は、連絡の第一報をいれた後、参列の都合（参列の有無、参列される方など）の返事や、供花・供物の実質的な相談窓口になりますので、責任者にはベテラン社員を配置するのがよいでしょう。

> ### こんなとき、どうする!?
>
> ●来賓の選定の留意点
>
> 会社の業務遂行上、大切にすべき取引先や取引金融機関、同業者や関係する同業者団体、政治家や官公庁、公共団体等、そして故人と親交のあった友人等が考えられますが、その選定と席順には注意が必要です。
>
> 政治家は特に席順を気にしますので慎重に協議し、その他今後の会社運営に支障を来さぬよう配慮して人選を進めます。

第3章　社葬の実施と具体的対応

6　社葬案内状の発送

　社葬の日時・式場が決定したら、参列していただく方に案内状を発送します。

　発送先は、重要取引先などの来賓と参列者に限ります。

　死亡広告が掲載される日までには必ず到着するようにします。

　来賓には直接お届けするのが基本です。

　通知の仕方は、一斉に送信できるファックスかメールで行うと効率的です。葬儀社によっては、ファックス用の訃報書式を作成してくれますので、活用しましょう。

　ファックスがない人には、電話をかけるか通知状を郵送します。

7　来賓者の出欠確認のポイント

　結婚式のように返信用はがきを同封することはなく、到着したころを見計らって参列の可否について電話でお伺いを立て、来賓者を決定します。また、一般会葬者および関係会社などの会葬者の名簿を作り、出席の有無を確認し、全会葬者数を把握しましょう。

■社葬案内通知・社葬出席者確認リストでの確認項目

会社名	社葬案内通知先				社葬出席者			
	部署名	担当者名	電話・FAX	メールアドレス	氏　名(フリガナ)	役　職	出欠確認	代表焼香の有無

4 具体的準備

1 備品の準備

葬儀には多くの備品が必要とされますが、必要備品は葬儀社と打ち合わせを行い、自社にて用意する備品と葬儀社に準備を依頼する備品を明確にします。

[必要備品一覧]

モーニング	胸章	受付用筆記用具
受付用記帳簿	供花受付簿	弔電受付簿
配車手配簿	式場案内板	駐車場案内板
雨具（傘）	下足預り札	トランシーバー
携帯マイク	記録用機材	備品管理簿
金銭出納簿	湯茶（湯のみ）	茶菓等
茶菓等用懐紙	来賓用食事	係員用食事
香典帳	香典収納用具	灰皿
傘立て		

---

2 弔辞の依頼

故人とゆかりのある方へ弔辞の奉読を依頼します。取引先、友人、社員、業界関係者、故人と親しい政治家などが候補として挙げられます。葬儀委員長や式典係が、通知状と一緒に資料（会社案内や故人の経歴書など）を持参して、直接、1人につき3～4分程度（原稿用紙1～2枚）で相手先にお願いします。

通常、1時間の葬儀式に入る弔辞は3本程度です。

第3章　社葬の実施と具体的対応

■故人の経歴書例

ふりがな　　　　故　　　　殿　　　故人略歴					
① 父 母 氏 名					
② 出 　 生 　 地					
③ 生 年 月 日	年	月	日		
④ 出 　 生 　 順	（	）男・（	）女		
⑤ お 　 人 　 柄					
⑥ 趣味・特技・受賞　他					
⑦ 学 　 　 　 歴					
⑧ 職 　 　 　 歴					
⑨ 結婚年月日および伴侶名					
⑩ 子供人数および孫人数					
⑪ 故人のほかご家族の職業または学校					
⑫ 入院年月日	年	月	日		
⑬ 入院病院名					
⑭ 病名（病歴）					
⑮ 死亡年月日	年	月	日	時	分
備 　 考			（享年	才）	

3　会葬礼状・返礼品の手配

　会葬者のリストに基づき数を予測し、予定数より2割程度多目に手配しておくのがよいようです。

　会葬礼状は、本来は葬儀後に出すものでしたが、現在は、当日に返礼品とともに渡すのが一般的です。

会葬返礼品は香典のお返しではなく、あくまでも参列に対するお礼で、会葬礼状とともに渡す粗品です。海苔やお茶などの食品が主流でしたが、近年は多様化しています。

4　香典返しの手配

近年、合理的な返礼の手段としては、通夜や葬儀の「即日返し」が多くなっています。

品物の額は2,000 ～ 3,000円が相場ですが、高額の香典の場合は、後日さらに別の形式でお礼することもあります。なお、香典を慈善団体などに寄付した場合、香典返しの必要はありません。

また、最近は香典を辞退し、受け取らない代わりに500円程度の「会葬返礼品」で済ませる場合もあります。

5　車両の手配

社葬に必要な車両を手配します。

- ●会社から式場までの車両
- ●自宅から式場までの車両
- ●僧侶・神官の送迎用車両
- ●葬儀委員長の送迎用車両など

6　式場レイアウトの決定

式場見取り図を参考に式場レイアウトを決定しておきます。

- ●控室（遺族、僧侶、来賓）の確保
- ●供花の配列
- ●入退出経路
- ●受付
- ●仮設トイレなど

第3章　社葬の実施と具体的対応

7　式場の駐車スペース

　駐車スペースは、参列者予想人数から計算します。バス、電車等の交通の便がよい式場で、参列者の30％程度の駐車スペースが必要とされています。交通の便が悪いケースでは、予想人員の60％程度の車両スペースが必要となるようです。必要駐車場スペースが確保できない場合は、葬儀案内状等で「駐車場が少ないので最寄りの交通機関をご利用ください」と明記するとよいでしょう。また、最寄りの警察に届けを出したり、近隣の方に挨拶をしておくとよいでしょう。

8　映像の作成

　喪家と打ち合わせを行い。希望に応じて映像ビデオで追悼します。会社として故人の貢献、功績に感謝の意を込めて編集します。

9　「しおり」の作成

　喪家と打ち合わせを行い、故人の人生を振り返り印象に残るよう感謝の意を込めて作成し、会葬者に配布します。

5　進行要領の決定

1　式次第とタイムスケジュールの作成

　弔辞奉読者数や弔電奉読の数などを考慮し、式次第のタイムスケジュールを組みます。

　弔辞は1人約3〜4分をめどとし、政治家や取引先、業界代表、友人代表、社員代表など3〜4名とするのが一般的です。

　仏式や無宗教式、神式などで、儀式の進行が異なりますので事前に経験豊富な葬儀社の社員などと綿密な打合せをし、余裕を持った式次第を作成します。

　わが国の葬儀の大多数を占める仏式の場合は、基本的に次のようになります。

50

1 社葬を実施するための準備

■葬儀・告別式 式次第例（葬儀式と告別式を同時に行う場合）

〔葬儀式〕
　○○時　遺骨自宅出発
　○○時　遺骨式場到着（葬列にて入場―同整列してお迎え）
　　　　　係員配置
　　　　　参列者着席（遺族・親族・葬儀委員入場・着席）
　　　　　導師入場
　○○時　葬儀式開式
　　　　　読経
　　　　　導師焼香
　　　　　弔辞拝受
　　　　　弔電奉読
　　　　　葬儀委員長焼香（読経）
　　　　　喪主焼香（〃）
　　　　　遺族焼香（〃）
　　　　　指名焼香（〃）
　　　　　親族焼香（〃）
　　　　　参列者焼香（〃）
　　　　　導師退場
　　　　　葬儀委員長挨拶
　○○時　葬儀式閉式
〔告別式〕
　○○時　告別式準備
　　　　　導師入場
　○○時　告別式開式
　　　　　会葬者焼香（読経）
　　　　　葬儀委員焼香（〃）
　○○時　告別式閉式
　　　　　導師退場
　　　　　喪主または遺族代表挨拶
　　　　　遺骨御帰邸（一同お見送り）
　　　　　係員解散

※　中規模の社葬では、葬儀式と告別式を区分しないで一体として行う場合もあります。

51

第3章　社葬の実施と具体的対応

2　供花の配列順位

　供花配列のポイントは、一概には言えませんが、祭壇に最も近い場所が最上位です。最上位の場所には、葬儀委員長・喪主を並べるケースが多いようです。上位席には、議員や重要取引先などでまとめるケースが考えられます。

　供花の配列順位は、相手先と自社との関係を意思表示したと見られますので十分な配慮が必要です。

　供花はブロック分けして各部で整理を行うと部署間のトラブルも少なくスムーズに整理順位づけが行えます。

　たとえば、次のように相手先と関連する部署ごとにつき合いの度合い、今後の関係等を考慮して順位づけを葬儀実行委員長のチェックを受けます。

- 取引先……営業部
- 仕入先……購買部
- 金融関係……経理部
- 親族、社員、友人・議員等……総務部・人事部
- 新聞社、放送局等……企画部

3　席次の決定

　祭壇に向かって右側の最前列内側から葬儀委員長、喪主、近親者、親族の順に席を配置し、向かって左側の最前列内側から弔辞奉読者、来賓となります。

　なお、式場や宗教などによって席次は変わることもあります。

　代表焼香席にはお1人だけ着座願い、随行員は一般席に着座いただくとよいでしょう。

　来場者指定座席については席札を用意します。

52

1 社葬を実施するための準備

■席次例

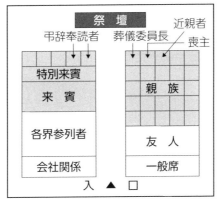

4 焼香順位の決定

焼香順は故人との関係や社会的な立場などを考慮して決定します。焼香の際には、名前を読み上げ、焼香をすすめます。

一般的は、次の順に焼香をしていただきます。

① 葬儀委員長・葬儀副委員長
② 喪主・遺族
③ 来賓（弔辞奉読者を含みます。）
④ 参列者（政治家・団体代表・取引先など）

仏式の場合、時間的な都合で、参列者全員が焼香できないと予測されれば、焼香していただく参列者をあらかじめ指名するようにします。

こんなとき、どうする!?

●代表焼香者の欠席

代表焼香者として予定していた方が、当日に欠席された場合でも、予定どおり名前は読み上げても差し支えありません。

5 弔電の取扱い

弔電は故人の自宅や会社に届くことがありますので、1か所にまと

第3章　社葬の実施と具体的対応

めておきましょう。

当日到着する弔電もあるため、注意しましょう。

紹介する弔電の内容を別紙に転記し、漢字にはふりがなをふっておきましょう。

6 社葬前日

式場でのリハーサルと社葬前日の係別の留意点は、次のとおりです。

1 式場でのリハーサル

（1）下見

あらかじめ立地条件（交通利便性）や各施設の位置や参列者の導線を把握しておくようにします。

社葬式場によって、係員の配置や供花の並べ順も変わってきますので、事前に各係による下見を行う必要があります。

（2）配置図の確認

式場を下見し、式場内の配置における配置図に無理がないか確認します。実際の式場を下見し、配置を再確認すると、遺骨の到着時における、出迎えの位置や会葬者の流れかたなどが明確になり、受付や本部の設置場所を再検討することができます。

（3）リハーサル

リハーサルは前日行う場合が多く、その際は葬儀委員長や各担当係員をはじめ、執行にかかわる、なるべく多くのスタッフが参加して行います。

また、社葬を滞りなく、スムーズに進行させるには時間配分を記入した進行要領を作成することが大切です。進行要領に従って、リハーサルを行い、社葬執行に支障をきたすことがないか再検討することが大切です。

54

2 社葬前日の係別留意点

葬儀に参加する各担当係は、それぞれ次の事項について事前に打ち合わせをしておく必要があります。

(1) 実行委員長

実行委員長は各係の責任者に、式当日の居場所を知らせておきます。

連絡には、スマートフォンによるグループ通話アプリや携帯電話の利用も有効です。

(2) 式場設営

式場の設備、レイアウト、すべての設営と管理を行います。

また、導師用、来賓用、接待係用の控室を手配します。

特に留意しなければならないのは、式場着席の席次、受付の場所、待合室（休憩所）、供花・供物の並べ順、雨天時の配慮などです。

なお、席は不意のVIPの参列に対応できるよう予備席も用意しておきます。

(3) 記録係

記録係は、社葬の決定から、社葬に関するすべての事項が終わるまでのあらゆる資料（記録）を収集し、管理保管することが必要です。

保管される資料の中で「参列者名簿」「来賓名簿」「香典整理簿」「供花、弔電整理簿」は、会社の葬儀についてのデータベースになりますので、検索をしやすくする工夫をしておくと便利です。

(4) 会計係

受付係が香典を受領した後、どのように整理するかを確認しておきます。

(5) 受付

❶ 受付区分

受付区分はできるだけ細かく区別すると受付が整理しやすいので、許されるスペースを相談して決定します。

第3章　社葬の実施と具体的対応

❷　VIP対応

突然のVIPの参列に対応するため、受付には相手の顔がわかる人を配置します。

受付での識別だけでなく、来賓控室・式場への案内、車の手配など滞りなく行えるようにしておきます。

❸　受付の仕方

受付の仕方を細部にわたって決めておく必要があります。たとえば、次のような事項です。

　㋑　芳名帳の記帳は、記録という点では記帳してもらった方がよいのですが、多くの人の会葬が予想される社葬では、受付にかなりの時間がかかることが予想され、長蛇の列ができてしまいます。

　　　最近は記帳所を設け記帳カードに記入してもらい、それを受付に提出していただくケースが多くなっています。

　㋺　名刺を出された場合は、名刺を記帳がわりにするのも方法の1つです。

　㋩　最近の社葬では香典を辞退するケースが増えています。香典と記帳は別のものとして考え、記帳カード等を利用するケースが増えています。

　㊁　混雑状況に応じて、受付を増やせるよう応援する人をあらかじめ決めておきます。

❹　香典返し

香典返しの留意点は、次のとおりです。

　㋑　人数が多いときは、記帳の際に「引換証」を渡して、帰りに品物を渡すことが多いようです。

　㋺　香典返しはスピーディーに渡し停滞させないようにします。

　㋩　香典を1人で複数持参された場合は、数量を確認して渡すよ

56

うにします。

　㊁　社員・関係者の香典返しは最後にします。

（6）供花・供物係

　式場係の中で「供花担当」を設けておきましょう。

　供花担当は事前に式場を熟知し、搬入される供花の設置場所と配列順を想定しておくことが大切です。

　花・供物は届いた段階ですぐ写真を撮り、記録するようにします。

（7）駐車場係

　前日には、借用できた駐車場の収容可能台数を把握しておきます。

　式場と駐車場が離れている場合などは、弔問客の流れを把握するためにスマートフォンのグループ通話アプリや携帯電話を利用すると便利です。

　喪主・遺族・会社用を最前部に確保します。

　VIPの分として数台を最前部に確保します。

　手の空いている人は協力します。

　満車時は即時に閉鎖し、一般道への駐車をさせないようにします。

（8）司会係

　司会には専門用語が必要になりますので、司会者は、葬儀社に依頼するのが無難です。司会者が式を進行させていく上での読み上げ文書を事前に準備します。

　①　葬儀委員長の紹介

　②　弔辞を述べていただく人の紹介

　③　弔電の奉読順序

　④　焼香順序

（9）式場案内係

　式場内に着席されるのは、遺族、親族、来賓、葬儀委員ですので、想定される人数の席が準備されたかを確認します。

第3章　社葬の実施と具体的対応

（10）接待係

冷暖、雨天を想定した準備が必要です。

式の開始前に来場される方のための接待場所の下見をし、式場の備え付けの設備のうち使用できるものを確認します。接待は日本茶と茶菓等によるのが一般的です。

接待係は会社の女性社員が担当する場合が多いので、必ずリハーサルを行いましょう。

接待係の控室は来賓への緊急連絡や、車の手配など、突発的なことが起きやすい場所ですから、接待係の待機場所としても好ましいです。

控室の収容人員を確認し待機場所として使えるか検討します。

7 社葬準備の最終チェックリスト

わが国の葬儀の多くが仏式で行われますので、以下に仏式の場合を例示します。

■社葬の準備事項

	項　目	内　　容	担当者
(1)	事前準備		
1	社葬取扱規程の制定	□何通りかの社葬レベルを想定し、社葬取扱規程を作成し取締役会の承認を得ておきます。	
2	役員の経歴書の作成	□役員の経歴は外部からの問い合わせに即答できるよう、必要と思われる事項を経歴書として作成しておきます。	
3	連絡先名簿の作成	□日ごろから主な連絡先を網羅した名簿を準備しておきます。	
(2)	訃報直後の対応		
1	遺族の意向確認	□遺族の意向を尊重した対応が大切です。	

58

1　社葬を実施するための準備

	項　目	内　容	担当者
2	葬儀社の決定	□評判の良い葬儀社をリストアップして遺族の意向も伺い決定します。	
3	宗教家への依頼	□僧侶の人数を確認します。 □謝礼（お布施など）の金額を確認します。 □送迎方法を取り決めておきます。	
(3)　緊急役員会			
1	社葬規模・形式の決定	□故人の会社における地位、功績にふさわしい規模、形式を考慮します。	
2	式場・日程の決定	□遺族、葬儀社、式場の都合を考慮し、できるだけ早目に決定します。	
3	日程表の作成	□決定次第、日程表を作成し関係者に配布します。	
4	供花等の決定	□自社からの供花を手配します。 □提供してくださる先を予測し、配列順序を事前に決定しておきます。 □関係各社から手配代行の依頼を受けた場合は、担当係にて申し受け、業者に一括手配します（業者の領収書を保管し、代金と引き換えます。）。 □供花を辞退する場合は、事前に案内状などで告知します（新聞広告など）。 　葬儀式場では、札無しの供花で装飾を行います。 □香典収入の処理方法をあらかじめ決定しておきます。 □香典を辞退する場合は、その旨を事前に告知します（新聞広告など）。	
5	概算予算・費用分担の決定	□予算は、遺族の意向も考慮し、概算額を役員会に諮ります。	
6	葬儀委員長の決定	□外部に依頼するときは、早目に決定し故人の経歴を添えて会社の代表者より依頼します。	
7	各担当の決定	□各担当責任者が指揮する係と人員の内容を決定します。 □必要な係員を選任します。	

59

第3章　社葬の実施と具体的対応

	項　目	内　　容	担当者
7	各担当の決定	□それぞれの係員に、担当すべき業務内容を指示します。 □指揮系統を確認します。	
8	議事録の作成	□取締役会の決定事項を議事録に作成します。	
(4)　喪家側への詳細連絡			
		□社葬の正式決定と内容を報告します。 □喪家側の出席者と役割を決定します。 □喪家側の出席者、および遺骨などの送迎方法を決定します。 □故人の顕彰品（勲章など）の用意を依頼します。	
(5)　社内通知			
1	社内通達の方法	□問い合わせに対する回答を統一するため社内通達を掲示板に掲示します。	
2	社内通達	□社葬参列の社内通達を出します。	
3	社葬時の服装	□社葬時の服装を指示します。	
4	社員の香典	□会社の方針を社内に通達します。	
(6)　社外通知			
1	社葬案内広告の原稿	□掲載新聞、スペース、内容、掲載日を決定し手配します。 □必要に応じ、社葬の会葬御礼広告も事前に手配しておきます。	
2	案内状発送名簿の作成	□参列者の名簿を作成します。	
3	社葬案内状の発送	□社葬案内状を作成します。 □名簿に基づき社葬案内状をできるだけ早めに発送します。 　時間に余裕のない場合は、電話やFAXにて連絡します。	

60

1　社葬を実施するための準備

項　目	内　容	担当者
(7)　具体的準備		
1　備品の準備	□祭壇などの様式を決定し、葬儀社へ発注手配を行います。 □式場設営の内容を決定し、必要な備品を用意します。 □借用する物品については、台帳を作成し、管理を行います。 　1．トランシーバー、携帯スピーカーなども用意します。 　2．必要に応じ、雨具なども用意します。 　3．必要に応じ、案内看板なども用意します。	
2　弔辞の依頼	□弔辞奉読の適任者を選任します（3名程度）。 □弔辞の依頼をします。	
3　会葬礼状・返礼品の手配	□会葬礼状を手配します（会葬予測人数より、多めに用意しておきます。）。	
4　香典返しの手配	□香典返しを手配します。	
5　車両の手配	□葬儀委員会総務の中に配車係を置き、手配情報を集中させます。	
6　式場レイアウトの決定	□葬儀実行委員長の下、総務担当者にて葬儀社、式場と打ち合わせ、決定します。	
7　式場の駐車場スペース	□同上	
8　映像の作成	□葬儀実行委員会の中に記録係を置き、作成業務を担当させます。	
9　「しおり」の作成	□同上	

第3章　社葬の実施と具体的対応

	項　目	内　　容	担当者
(8)	進行要領の決定		
1	式次第とタイムスケジュールの作成	□葬儀実行委員会の中に進行担当責任者を置き、実行委員長の指示の下、葬儀社、式場と打ち合わせ、早急にタイムスケジュールを作成し配布します。	
2	供花の配列順位	□委員会の中に供花・供物係を置き、実行委員長の指揮の下に配置場所、順位を定めます。	
3	席次の決定	□密葬・社葬の席次を事前に決定しておきます。	
4	焼香順位の決定	□密葬・社葬の焼香順位を決定しておきます。 □焼香順位表に記入しておきます。	
5	弔電の取扱い	□実行委員会総務の中に弔辞、弔電係を置き、披露の順序は実行委員長の指示に従います。	
(9)	その他		
1	服装の確認	□各担当係は、略礼服を着用します。 □必要に応じ、貸衣装の手配を行います。	
2	胸章・腕章の手配	□葬儀委員は、胸章を着用します。 □各担当係は、腕章をつけます。	

2 社葬当日の対応

　社葬で係を担当する人は、開式の2～3時間前までには式場に集合し、状況を確認の上、最終的な打ち合わせを行います。

　以下の流れは、「葬式前火葬」を前提として解説します。

1 総合リハーサル

1 全体的な流れの確認

　社葬にかかわる全員に対して、葬儀実行委員長および葬儀委員から、進行や注意点などについて最終的な説明を受けます。

2 式進行の確認

　葬儀実行委員長が、席次、焼香順、弔電披露順序、供花の配列等の確認と調整を行います。

3 式場の確認・準備

　各係責任者の指示により、所定の場所に配置します。

　また、各配置場所の準備状況を確認します。

2 遺族のお迎え

　遺族が自宅などから遺骨と共に式場に向かう場合に、お迎えをします。遺骨が式場に安置されているときは省略されます。

- 遺族・遺骨が到着するときは、整列してお迎えします。
- 遺族は葬儀委員長の先導により入場します。
- 遺骨を祭壇に安置します。

63

第3章　社葬の実施と具体的対応

3 受付の開始

　受付担当者は、香典帳、会葬礼状、香典返し、香典収納器具等を確認の上、会葬者をお迎えします。

- 開式１時間前に、会葬者の受付を開始します。
- 葬儀式に参列される来賓は、参列者控室に案内し、開式15分前に式場に案内します。

　※葬儀委員は、式場入口で参列者を迎えます。

　※来賓着席後、葬儀委員および葬儀に参列する関係者は式場に入り、着席します。

こんなとき、どうする!?

- 「好ましくない人物」が来場した場合

　「好ましくない人物」が来場したら、速やかに別室に案内して、丁寧にお引き取り頂くようにお願いします。

　それでも帰らない場合は、警察に連絡するなど、速やかな処置をとります。

4 遺族・来賓着席・導師入場

　遺骨は、来賓、導師の到着前に式場の祭壇に安置しておきます。

　開式の10分前には、遺族・来賓に対して席順に従い着席を促します。定刻に導師を案内します。

64

5 葬儀式開式・読経

司会者の開式の辞により葬儀式が開始され、導師による読経が始まります。

6 弔辞拝受

司会者の指名により、弔辞の奉読が始まります。

こんなとき、どうする!?

● **弔辞を頂戴する方が式に遅れた場合**

葬儀式の進行に当たり、弔辞をいただく方々には事前に依頼し了承を得ていますが、種々の都合により当日の式次第に間に合わない場合も考えられます。

この場合、葬儀の進行にあっては司会者より（代読が可能であればその旨を告げ代読を依頼し）弔辞奉読者を紹介した上で次の式次第に進めることになります。

7 弔電奉読

弔電の奉読が行われます。

披露する弔電は、政治家、官公庁、金融機関、主要取引先、著名な友人等とし、電文披露を4～5名、氏名披露を10名程度とし、その他の弔電と合わせて祭壇にお供えすることになります。

第3章　社葬の実施と具体的対応

8 葬儀委員長挨拶

　焼香の前に葬儀委員長の挨拶が行われます。司会者より指名を受けたら、遺族側、参列者側の順に一礼し、謝辞を述べます。

9 拝礼（仏式の場合）

　社葬の焼香には、指名焼香と参列者焼香があります。

　焼香の順位は、①葬儀委員長、②喪主、③遺族、④指名焼香、⑤親族、⑥参列者、⑦社員の順です。

　指名焼香の順位は、①政治家、②業界代表者、③取引先代表、④金融機関、⑤友人代表、⑥役員代表、⑦社員代表の順が一般的です。

　参列者の焼香中は、葬儀委員長と喪主は、答礼のために起立します。

10 葬儀式閉式

　司会者の閉式の辞により、葬儀式は終了となります。導師、葬儀委員長、喪主、遺族の順で一度退席します。

11 告別式準備

　告別式の開始まで、告別式の準備と場内整理のために5～10分前後の休憩となります。

12 告別式開式

　参列者一同は、再び導師を迎え、司会者の開式の辞によって告別式

66

が開始されます。

13 拝礼（仏式の場合）

　一般会葬者の焼香に続き、社員および葬儀委員長（実行委員）が焼香します。

14 告別式閉式

喪主の挨拶と、司会者の閉式の辞により告別式は終了となります。

15 導師退場

導師の退場を参列者はお見送りします。

16 遺骨退場

社葬終了後、遺族・遺骨を整列してお見送りします。

17 遺骨御帰邸

自宅に戻り、遺骨を後飾り祭壇に安置します。

18 式場の後片付け

　式場内のテントや看板を片付け、使用した備品の数をチェックします。弔問者に忘れ物があった場合は早急に連絡し、大切に保管します。

第3章　社葬の実施と具体的対応

各係が責任をもって、忘れ物や紛失物がないか確認をします。

19 解散式

各係や役員を集め、慰労の意味をこめた解散式を行います。

20 社葬当日のタイムスケジュール

あの世へ送り出す儀式である葬儀と、友人や知人が故人にお別れをする告別式を、現在では同時に行うのが一般的です。その一例を次に示します。

なお、わが国の葬儀の９割方が仏式で行われますので、以下に仏式の場合を例示します。

1 社葬通夜の式次第と司会進行例

葬儀に当たっては前日に行われる通夜に重点を置き、参列者も多数となる地方があります。

式次第と司会の内容は次のとおりです。

時間	式次第	司会内容
17：50	一同着席	「開式10分前でございます。 　ご参列いただきました皆様、どうぞ前のお席から順にご着席くださいますようお願い申し上げます。 　なお、式場の都合によりご焼香は代表焼香とさせていただきますこと、あらかじめご了承賜りますようお願い申し上げます。」
17：55	導師・僧侶入場	「導師様ご入場でございます。 　ご導師は○○家菩提寺の○○○○○○様でございます。」
18：00	開式の辞	「只今より、○○○○○株式会社取締役会長故○○○○様の通夜を○○○○○株式会社　社葬にて開式させていただきます。」

68

時間	式次第	司会内容
	読　　　経	
	弔辞拝受	「これより、弔辞を拝受いたします。
		①　○○○○様お願いいたします。
		②　○○○○様お願いいたします。」
	代表焼香	「ご焼香をお願いいたします。
		葬儀委員長　株式会社○○○○銀行　頭取○○○○
		様、喪主○○○○○株式会社　代表取締役社長
		○○○○、……」
18：40	法　　　話	
	導師・僧侶	
	退　　　場	
	葬儀委員長	「葬儀委員長　株式会社○○○○銀行　頭取○○○○
	挨　　　拶	様よりご挨拶申し上げます」
	喪主挨拶	「喪主○○○○○株式会社　代表取締役社長○○○○
		よりご挨拶申し上げます。」
18：55	閉式の辞	「これをもちまして、○○○○○株式会社取締役会長
		故○○○○様の社葬通夜を閉式させていただきま
		す。
		些少ではございますが、当フロアの「○○○の間」
		に酒肴等の支度をしてございます。
		皆様にはお時間の許す限り故人を偲び、おくつろぎ
		頂きたいと存じます。
		なお、明日の葬儀は当式場に於いて午前11時から
		執り行います。
		長時間にわたりありがとうございました。」

2　社葬葬儀の式次第と司会進行例

　葬儀式のあと僧侶は一度退場し、告別式で改めて入場するのが本来ですが、それを省略し、葬儀・告別式を連続して行うのが一般的になっています。

第3章　社葬の実施と具体的対応

時間	式次第	司会内容
10：50	一同着席	「開式10分前でございます。 　ご参列いただきました皆様、どうぞ前のお席から順にご着席くださいますようお願い申し上げます。 　なお、式場の都合によりご焼香は代表焼香とさせていただきますこと、あらかじめご了承賜りますようお願い申し上げます。」
11：00	導師・僧侶 入　　場	「導師様ご入場でございます。 　ご導師は〇〇家菩提寺の〇〇〇〇〇〇様でございます。」
11：02	開式の辞	「只今より、〇〇〇〇〇株式会社　取締役会長　故〇〇〇〇様の葬儀を〇〇〇〇〇株式会社社葬にて開式させていただきます。」
	読　　経	
11：25	弔辞拝受	「これより、弔辞を拝受いたします。 　①　〇〇〇〇様お願いいたします。 　②　〇〇〇〇様お願いいたします。」
11：35	弔電拝読	「弔電を拝読させていただきます。（代表する数通を拝読する）」「他に〇〇通余り頂戴いたしておりますが、時間都合上省略させていただき、ご霊前にお供えさせていただきます。」
11：40	焼　　香	「これより、ご焼香をお願いします。一般会葬の皆様には、廻し香炉にてご焼香をお願いいたします。次の方々には、祭壇の前にてご焼香をお願いいたします。 　①葬儀委員長〇〇〇〇様、②喪主〇〇〇〇様、③〇〇〇〇様」
	読　　経 導師・僧侶 退　　場	
11：50	葬儀委員長 挨　　拶	「葬儀委員長〇〇〇〇よりご挨拶申し上げます。」
11：53	喪主挨拶	「喪主　〇〇〇〇〇株式会社　代表取締役社長〇〇〇〇よりご挨拶申し上げます。」

時間	式次第	司会内容
11：56	閉式の辞	「これをもちまして、○○○○○株式会社 取締役会長 故○○○○様の社葬葬儀を終了いたします。長時間にわたりありがとうございました。」 （ご遺族はお見送り）
11：58		「ご案内申し上げます。引き続き、この場にて中陰忌法要を執り行います。あらかじめご案内申し上げました方には、今しばらくお待ちくださるようお願い申し上げます。」

③ 中陰忌法要の式次第と司会進行例

引き続き中陰忌法要を執り行う場合の式次第と司会内容は次のとおりです。仏教では、人が亡くなってからの四十九日間を「中陰」、四十九日目を「満中陰」と呼びます。

時間	式次第	司会内容
12：20	開式の辞	「只今より、『○○○○』霊位の中陰忌法要を執り行います。」
	読 経	
12：30	献 花	「ご焼香は式場の都合により献花にてお願いいたします。」
12：40	閉式の辞	「これをもちまして『○○○○』の中陰忌法要を終了させていただきます。」 なお、引き続きこの場にておときに移らせていただきます。準備が整いままで今暫くお待ちくださいますようお願い申し上げます。 お席表は受付にてご用意しておりますのでご覧いただきたいと存じます。 おときは30分後の予定でございます。

④ 法要式場の式次第と司会進行例

法要（おとき）式場の式次第と司会内容は次のとおりです。

第3章　社葬の実施と具体的対応

時間	式次第	司会内容
13：10		「大変お待たせいたしました。皆様テーブルにお着きになりましたでしょうか。」
	遺族挨拶	「会食の前に、○○○○○株式会社　専務取締役○○○○より一言ご挨拶申し上げます。」
	献　杯	「献杯のご発声をお願いいたします。」
13：15	VTR放映	
13：45	導師・僧侶	
	お見送り	
16：00	埋　葬	

21 社葬当日の準備のチェックリスト

　なにかと慌ただしい葬式当日のチェック項目は、最終確認でもあるため、シンプルに行います。

	項　目	内　　容	担当者
1	役割分担の最終確認	□社葬に関わる全員を集めて、役割分担の最終確認をします。	
2	リハーサルの実施	□リハーサルを行い、タイムスケジュールを調整します。	
3	席次等の確認と調整	□次の確認と調整を行います。 　　□席次 　　□焼香順 　　□弔電披露順序 　　□供花・供物の配列 　　□香典返し 　　□会葬礼状	

2　社葬当日の対応

| One Point Check | 僧侶へのお礼はいつ渡す |

　僧侶へのお礼を渡すタイミングは、社葬が終わり、僧侶が控室に戻られた際に、お礼の言葉を添えて、お布施と車代に分けて渡すのが一般的です。

3 社葬終了後の対応

社葬終了後の事務処理は、引き続き各係が担当することになります。各係は、最終的に整理したものをすべて葬儀実行委員長へ報告し、事務処理は完了となります。社史として後々まで保管しておくことを考えると、この終了後の事務処理こそ、各係の大切な仕事といえます。

1 香典・供花・供物の整理

社葬に寄せられたご芳志等を記録整理し残すことは、その後の会社運営の資料として利用することができます。

- 香典や供花・供物を頂載した先と金額のリストを作成し、整理をします。

  ※金額別に整理し、香典帳、供花・供物帳に金額・住所・会社名・役職名・氏名・電話番号・郵便番号などを記入します。

- 控えをとった後、すべて喪主・遺族に渡します。

- 香典を全額喪主に渡す場合は、遺族が香典返しを負担します。

  ※香典および会葬者芳名帳などは、すべて喪主に渡しますので、関係書類の控えをとっておきます。

- 御礼や挨拶のため、各リストを関係部署に配布します。

2 会葬者芳名帳

以後の会社運営の資料として活用し、感謝の念をもって対応に当たるためにも大切な資料です。

3 社葬終了後の対応

- 会葬者の名刺、芳名録を整理し、関係先別、会社別などに分け、会葬者リストを作成します。
- 会葬者リストをコピーし、関係部署に配布します。

3 弔辞の整理

当社の役員が他社から弔辞の依頼を受けることも想定されるため、その整理を怠ることなく行います。

- 拝受した弔辞を整理します。
- 控えを取った後、すべて喪主・遺族に渡します。

4 弔電の整理

弔電を頂戴した場合には、後日、10で述べるお礼をすることから、整理をします。

- 拝受した弔電を整理します。
- 記録を取った後、喪主・遺族に渡します。

5 文書類・記録物の整理

社葬は、頻繁に行うものではありませんが、いざというときに「過去はどう対応したのか」という参考にされるものです。

- 社葬に関する写真やビデオなどの記録物を整理保管します。

6 社葬報告書の作成

社葬の実施に伴う総括をします。

75

第3章　社葬の実施と具体的対応

- 社葬全体の報告書を作成します。
- 必要に応じ関係者に配布します。

7 会計報告書の作成

社葬に要した費用について会計報告書を作成します。これは、決算や税務申告でも用いる資料となります。

- 請求書の内容を確認し、支払いをします。
- 合同葬の場合は、遺族と会社で経費を負担しますので、遺族用と会社用に分けて明細書を作成します。
- 全体費用を総括し、会計報告書を作成します。

8 関係者への挨拶回り

社葬でお世話になった方々にお礼を兼ねて、挨拶回りをします。これは、後々の関係を考慮して、しっかりと対応するようにします。

- 社葬で特にお世話になった方には、会社側代表者・喪主が挨拶に出向きます。

  ※葬儀委員長（社外の方にお願いしたとき）

  ※主要な来賓

  ※弔辞奉読者

- その他の来賓や、参列者に対しては、取締役や所管担当が手分けして挨拶に回ります。
- 必要に応じ、手土産などを用意します。
- 供花・供物に対する御礼は礼状によって行います。
- 宗教者への御礼は、葬儀の際に渡してしまえば、改めて挨拶に出向く必要はありません。

3　社葬終了後の対応

●葬儀の翌日、参列できなかった社員にも朝礼などで報告と御礼を
伝えます。

9　香典返しの手伝い

香典返しは原則として遺族が行うものですが、返す件数が多いとき
などは、遺族と相談して会社が代行します。

香典返しの時期は、次のとおりとされています。

●仏式の場合……四十九日の忌明け

●神式の場合……三十日祭、五十日祭

●キリスト教の場合……忌明けがないので２週間程度が過ぎたころ

しかし、近ごろはそれを待たずに香典返しと会葬礼状を社葬当日に
会葬者に直接渡す「当日返し」とすることが多いようです。

なお、香典の金額が多い先には、後日、礼状と品物を送ることもあ
ります。

10　社葬終了後の御礼状

1　会葬礼状

最近では、会葬礼状は焼香を終えた会葬者に出口で直接手渡すのが
一般的ですが、本来は会葬礼状はきちんと宛名を書いた封書により会
葬者宛に送るものです。礼状を送る際には、社葬の終了後、３、４日
以内に発送できるように事前に作成しておき、発送漏れや二重発送を
しないように注意しなくてはなりません。

文章は、葬儀社や印刷屋にも見本があるので参照できます。

会葬礼状や忌明けの挨拶状は、薄墨（うすずみ）を用いて、文章に
句読点をつけないのがならわしとされてきました。これは毛筆で書状

77

第3章　社葬の実施と具体的対応

を書いたころの名残りで行われています。

　現在は、読みやすさを考えて、句読点を用いてもよいとされています。

　会葬礼状は、参列者へのお礼の気持ちを伝えるものですが、近年ではオリジナルの会葬礼状も増えています。

　最近頂戴した礼状で、家族の絆の強さに心を打たれたものがありますので、好例として示します。なお、この礼状は会社からの会葬礼状とは別に香典返しに添えられていたものです。

■オリジナルの会葬礼状（ハガキ）例

（表紙）　　　　　　　　　　　　（背表紙）

お礼の言葉

心からの
感謝をこめて

「いつも明るい笑顔をありがとう」

いつも笑顔を絶やさず、周りの人を明るくする、笑顔が似合う素敵な母でした。曲がったことが大嫌いで、一本芯が通っているとても強い母でした。父のことを何よりも第一に考え、陰で支えるしっかりものの母でした。子供のころにはよく叱られ大変厳しかったのですが、その何倍も暖かく優しい母でした。草花や木々、鳥や虫など自然を心から慈しみ、登山と写真を趣味とし、リュックとカメラを携えてお仲間と楽しそうに出かけていた様子を覚えています。何事も向上心旺盛で研究熱心に知識をたくさん蓄え、知ることの楽しさを私たちに教えてくれました。大好きだった満開の桜の季節に合わせるように天国へ行ったのも母らしいです。天国でも楽しそうに満開の桜の写真を撮ってほしいものです。たくさんの愛情で家族を守ってくれたことに感謝の気持ちでいっぱいです。ありがとう。ありがとう。本当にありがとう。

～家族一同

妻○○ ○○は、平成○○年○○月○○日、行年○○歳にて生涯をとじました。
生前多くのご厚情を賜りました皆様へ、深く感謝申し上げます。
本日のご会葬誠にありがとうございました。
略儀ながら書状をもってお礼申し上げます。

平成○○年○○月○○日（通夜）
平成○○年○○月○○日（葬儀）

尚　○○月○○日（三七日）をもちまして忌明けとさせていただきます
甚だ失礼とは存じますが略儀乍ら書中にて御礼方々ご挨拶申し上げます

○○市○○○○○○○
喪　主　○○○○
長　男　○○○○
次　男　○○○○
長　女　○○○○

2 会葬御礼広告

死亡広告の手配の際と同じように、葬祭業者に依頼し、葬儀の翌朝には掲載されるように手配します。

3 供花や供物に対する礼状

個人葬の場合ですと、手書きの礼状でも構いませんが、送り先が多くなる社葬の場合は、供花や供物、弔電に対する礼状は印刷をし、できる限り早く発送しなくてはなりません。この場合の礼状には黒枠は必要ありません。差出人は会社名、葬儀委員長、喪主名（あるいは喪家名）とします。

第3章　社葬の実施と具体的対応

■お別れ会の会葬礼状例

弊社代表取締役社長○○○○お別れの会に際しましてはお
忙しいところご会葬いただき誠にありがとうございました
故人が生前ご親交賜りました皆様にお送りいただき心からお
礼を申し上げます
本来ならばお伺いしてお礼を申し上げるべきところ書中での
ご挨拶をお許しください

平成○○年○○月○○日

○○市○○町○丁目○○番○○号

株式会社　○○○○

喪主　○○○○

11 中元・歳暮・年賀

1 法人の場合

法人は喪に服しませんので、中元・歳暮・年賀は例年どおり行います。

2 遺族の場合

遺族は、忌中であれば中元もしくは歳暮を控えることが多いようです。

年末に年賀欠礼ハガキを出しますが、年賀状が送られてきた場合は寒中見舞を出します。

80

3　社葬終了後の対応

12 社葬後に行うべき項目のチェックリスト

社葬後に行うべきチェック項目を纏めると、下記のようになります。

	項　　目	チェック
1	香典・供花・供物の整理	□事前の決定に基づき、香典収入を処理します。 □いただいた先と内容、金額などを整理保存します。 □整理後確認し、喪家側にお渡しします。
2	会葬者芳名帳の整理	□参列者の会社名、役職、氏名、香典金額などを整理、記録します。 □整理後確認し、喪家側にお渡しします。
3	弔辞の整理	□拝受した弔辞を整理し、すべて喪家側にお渡しします。
4	弔電の整理	□拝受した弔電を整理し、すべて喪家側にお渡しします。
5	文書類の整理	□社葬の準備から終了までの関係書類一式を整理保存します。
6	記録関係の整理	□写真、VTR、録音などを編集・整理し、保存します。 □喪家側にも、一式お渡しします。
7	報告書の作成	□社葬全体の報告書を作成します。 □関係者に配布します。
8	関係先への挨拶	□主要な来賓など、特にお世話になった方には、喪家と同行しお礼の挨拶に参上します。
9	各方面への支払い	□内容の確認を行います。 □全体費用の総括を行います。 □葬儀社、式場、関係業者などへの支払いをします。
10	最終確認	□各担当者を通じて、全体の処理状況を確認します。
11	喪家側への挨拶	□関係責任者と同行し、挨拶します。

81

第3章　社葬の実施と具体的対応

	項　目	チェック
12	各種礼状の発送	□供花・供物をいただいた方には、供花・供物礼状を発送します。 □弔電の発信元には、弔電礼状を発送します。 □香典・供物をいただいて、葬儀を欠席された方には、社葬終了の挨拶状を発送します。
13	会葬御礼広告の原稿	□御礼広告の掲載を手配します。
14	年賀欠礼	□喪家側は、年末に年賀欠礼の連絡をハガキにて行います。 □会社側は、例年どおりに年賀のやりとりを行います。
15	法務・労務手続	□名義変更、登記や印鑑の変更などの手続きを行います。 □退職金、弔慰金、保険金などの支払い手続きを行います。

第4章

他社の社葬に参列するときのマナー

1 社葬に参列するときの事前対応

社葬は故人を悼むことを目的としますが、それ以外にも、社葬を行う会社の側からすると今後とも関係者から引き続き支援や信頼を得るための一大イベントであり、会社の創立記念日や式典などと同じ位に重要な行事になります。

そのため、取引先等の社葬に参列する際のマナーも非常に重要となってきます。このマナーには次のものがあります。

地域・宗旨・業界などによっても風習は異なりますので、社葬参列時には注意点を葬儀社に確認するとよいでしょう。

1 社葬参列の決定

社葬案内の通知を受けたら、次の事柄を決定します。

- 通夜に出席するかしないか
- 通夜に出席する場合、誰が出席するか、何人出席するか
- 葬式・告別式に誰が出席するか、何人出席するか
- 弔電を打つ場合、社長名にするか、役員名にするか
- 供花・供物を送る場合、社長名にするか、役員名にするか
- 弔辞を依頼された場合、誰が文案を書き、誰が読むのか
- 香典の額を決定する
- 香典の表書きを決定する
- 服装をどうするか
- 訃報が遠隔地からの場合、弔問に行くのか、それとも弔電・供花・供物で弔意を示すのか

② 参列者の人選

　取引先など会社同士でのつき合いがあった場合には、相手側と通知を受けた会社の規模にもよりますが、基本的には故人と同格の役職の人が出向くのがマナーです。

　社葬の対象となる人は、会社の発展に大きな功績があった会長、社長など、上位の役職者である場合がほとんどですので、社葬に参列するのは社長や会長などの場合が多いようです。

　しかし、何らかの事情があるなど、どうしても故人と同格の人が葬儀に参列できない場合は、代理人を立てます。

　代理人は上司の名刺の右肩に『弔』、自分の名刺の右肩には『代』と書いて２枚出します。

代

株式会社〇〇〇〇

〇〇〇部長

〇〇〇〇

〒〇〇〇-〇〇〇〇

〇〇市〇〇〇〇番地〇〇号

電　話　（〇〇〇）〇〇〇-〇〇〇〇

FAX　（〇〇〇）〇〇〇-〇〇〇〇（代）

弔

株式会社〇〇〇〇

代表取締役

〇〇〇〇

〒〇〇〇-〇〇〇〇

〇〇市〇〇〇〇番地〇〇号

電　話　（〇〇〇）〇〇〇-〇〇〇〇

FAX　（〇〇〇）〇〇〇-〇〇〇〇（代）

第4章　他社の社葬に参列するときのマナー

3 供花

供花を贈る場合には、式場の大きさや飾りつける時間の都合により供花を飾りつけることができない場合もありますので、事前に相手側に供花を贈りたい旨を伝えておくのがよいでしょう。

供花を贈る場合には、葬儀の前日には届くようにしておくとよいでしょう。

4 弔辞の引き受けと準備

相手側から弔辞を依頼された場合、特別な理由がないかぎり引き受けるのが普通です。奉読時間は、3～4分、文字数で1,000字程度が目安となります。

弔辞の内容は故人の業績や人柄をたたえ、遺族への哀悼の意を述べるのが原則です。

- 参列者に経歴がわかりやすいように、型どおりの前置きからはじめます。
- 代表的な業績や経営理念をあげて、故人を称えます。
- 遺族へのねぎらいの言葉は最小限にとどめます。

弔辞の文例を挙げると次ページのようなものが代表的です。

86

弔辞

○○○○様は、平成○○年○○月○○日○○○○不全のため急逝されました。享年○○歳でした。○○様は○年前から入退院を繰り返されていましたが、その合間をぬって集まりに出席されておられ、このたびも「検査入院だよ」とおっしゃられており、再び元気なお姿でご活躍なさると思っていましたので、我々一同信じられない気持ちでいっぱいであります。○○様を突然失いましたことは、ただただ痛恨の極みであります。

....

リーダーシップを発揮されたものと言え、その功績は誠に大であります。○○○○の発展、成長とともに歩み、○○○○、○○○○、○○活動に大きな足跡を残してこられ、常に我々を大所高所から導いていただいた○○○○様を失ったことは○○○○のみならず○○○○学界にとってその損失は計り知れないものがあり、誠に残念でなりません。ここに、○○○○様が発展に情熱を傾けられた○○○○を代表し、会員各位とともに、○○○○様のご冥福をお祈り申し上げ、その偉大な功績に対し、深甚なる尊敬と感謝を捧げます。○○○○様、本当にありがとうございました。どうぞ安らかにおやすみ下さい。

平成○○年○○月

○○○○代表　○　○　○　○

第4章　他社の社葬に参列するときのマナー

5 香典の金額

　香典の額は、取引先によっては役員会の合意が必要な場合もあります。

　得意先の社長が亡くなり、会社代表としての弔問の場合、3～5万円が最も多く、最高額も通常20万円までです。

　この他に、仕入先の社長・得意先の担当者など、5万円、3万円、2万円を目処に香典金額を決めています。

　香典の表書きには、さまざまな種類があり、宗派によっては使ってはいけない書き方もあります。

　　●御香典……仏教
　　●御霊前……浄土真宗を除く各宗派に使用

88

2 社葬参列時のマナー

1 服装のマナー

　最近は、社葬を執り行う当事会社以外は正装であるモーニングを着ないことが多く、参列者はブラックスーツなどの略礼装がほとんどです。

2 宗教別弔問のマナー

1 仏式の場合

① 　一礼して仏前に進みます。

② 　抹香を親指、人差し指、中指でつまみ、香炉に入れます。

　焼香の回数に決まりはなく、地域によっても異なります。

③ 　合掌して、一礼を行います。

2 神式の場合

① 　玉串の葉側を左手の手のひらに乗せ、根元を右手で受け取ります。

② 　祭壇に進み、一礼を行います。

③ 　玉串を右に回して、いったん根元を手前にします。

④ 　左右の手を持ち替え、さらに右に回して、根元を祭壇に向けます。

⑤ 　祭壇に玉串を置き、二礼二拍手一礼をします。

　拍手は音を立てないようにします。

第4章　他社の社葬に参列するときのマナー

3　キリスト教の場合

① 　牧師・神父・遺族に一礼し、花の根元を左手、花を右手にして
受け取り、祭壇に進みます。

② 　献花台の前で遺影に一礼し、花を右に回して根元を霊前に向け
ます。

③ 　手を持ち換えて、献花台に奉げた後に一礼します。

こんなとき、どうする!?

● **不幸を後日知った場合の対応**

　取引先の不幸を後で知った場合、どうしたらよいでしょうか。

　不幸を知った時点ですみやかに取引先へ電話を入れ、参列できな
かった理由を述べて失礼をわびます。

　初七日を過ぎた時点で不幸を知った場合には、悔み状と香典を送
ります。

　ちなみに、葬儀に遅れてしまった場合ですが、そのまま帰らず、
遅参の非をわびて静かに末席に着くようにします。

90

第5章

オーナー経営者の
死亡に備える
資金・承継対策

1 資金対策

1 生命保険の活用方法

　経営者の中には、強い個性を持って、経営陣をリードし、好況時代に積極的に投資を行い成功した例が数多くあります。このような会社の場合は、経営者の強い指導力が支えとなり、経営者の死亡とともに業績が低下したり、事業そのものの継続が困難となったりすることもあり得ます。

　会社の中には、経営者個人の全資産が会社経営に投入され、経営者個人の資産は自社株式がほとんどという例も少なくありません。そこで、経営者の死亡による会社、従業員、取引先、遺族への影響を最小限に食い止めるためにも、次のような方法により対応策をとることが望まれます。

1 役員退職金準備のための生命保険

　中小企業においては、特にオーナー経営者には慣例的な任期、定年制がありません。本人自身が引退を決めるまで年齢に関係なく社長の地位にあり、引退を決めた後も大御所的な存在として隠然たる実権を握って、会長、相談役として君臨することも少なくありません。中には生涯社長の例もあります。

　このようなオーナー経営者が死亡した際は、在任期間が長期にわたることから、その役員退職金も多額になるため、会社としては事前に資金を準備する必要があります。

　この場合、退任の時期が不明確なため、一定の年齢で保障が切れる

形態の保険では対応が難しいので、満期保険金のある養老保険や、生涯保障のある終身保険による対応が考えられます。

養老保険の場合は、役員の退任時に保険の満期を迎えれば、満期保険金を会社が受領し、支給退職金に充てることができます。一方、保険の満期前に退職するときには、中途解約して会社が受領した解約返戻金を退任役員の退職金に充てることができます。

終身保険の場合は、満期がありませんので、役員の退任時、加入保険を中途解約し、会社が解約返戻金を受領し、この資金を利用して退任役員に対し退職金を支給することができます。

2 借入金相当額を保険でカバー

経営者の死亡とともに業績が低下する会社も数多く見られます。経営者の強烈な個性により、戦後激動の時期に事業を拡大し、また、幾多の不況の時期を乗り越えてきた会社は、経営者の死により金融機関、取引先等から改めて会社の実態を見つめ直されることになります。会社が再評価され、場合によっては、今まで予想しなかった困難に直面することになるかもしれません。

秀でた経営者であればこそ維持できた会社であれば、経営者としてはその後の対策に万全を期すことは当然のことと思われます。

経営者の死亡に伴って借入金の重圧が残るようでは会社の存亡にかかわります。少なくとも経営に懸念のないよう、理想をいえば、借入金をカバーできる程度の生命保険や、会社を保険契約者として経営者を被保険者とした、支払保険料の割に高い保障の得られる定期保険等を検討されるとよいと思われます。

3 自社株の買い取り資金

配当可能利益の範囲内であれば自社株式の取得をすることができます（会社法461条1項）。

会社は経営者の生命保険金等を財源として、相続人より自社株式を

93

買い取り、相続人は株式の売却資金を相続税の納税資金に充当することが可能です。

　相続人より株式売却の意向を示されても現在のように極端に流動性の低い「取引相場のない株式」については、計算上評価額が算出されても、売却は不可能に近いでしょう。また、物納には厳しい条件がありますので、やむを得ず自社株式を取得せざるを得ないことも予想されます。このような場合、経営者を被保険者とする会社契約の生命保険は、その資金対策として、保険金という収益をもってすることができますので、その果たす役割は大きいと考えられます。

2　死亡保険金の受け取り時の経理処理

　法人が死亡保険金を受け取った場合、保険積立金および配当積立金が計上されていれば、それを取り崩し、受け取った死亡保険金との差額を雑収入に計上します。また、定期保険のように保険積立金が計上されていなければ、受け取った死亡保険金は全額雑収入となります。

　死亡退職金を支払う場合は、保険金の受け取りと別の取引として処理することとなりますので、「保険金の額＝退職金の額」になるとは限りません。死亡保険金を退職金の支払いに充当した場合においても、退職金の額が過大であれば損金にはなりません。

2 承継対策

1 後継者の確保

　日本政策金融公庫総合研究所が平成28年2月に公表した「中小企業の事業承継に関するインターネット調査」によれば、次のように調査対象企業約4,000者のうち60歳以上の経営者の約半数が廃業を予定していると回答しています。

■後継者の決定状況

決　　定　　企　　業	12.4%
未　　定　　企　　業	21.8%
廃　業　予　定　企　業	50.0%
時　期　尚　早　企　業	15.9%
	100.0%

　その廃業予定企業の廃業理由のうち、後継者難が28.6％に達しています。

■廃業理由

当初から自分の代でやめようと思っていた	38.2%	
事業に将来性がない	27.9%	
後継者難 　子供に継ぐ意思がない 　子供がいない 　適当な後継者が見つからない	12.8% 9.2% 6.6%	28.6%
その他	5.3%	
	100.0%	

上場会社であれば、後継者候補者が少なからずいますので、社長が指名すれば足りますが、中小企業においては経営者が最高決定権を掌握したまま後継者を指名しないで死亡してしまうと経営の維持継続への影響は計り知れないものになります。

後継者対策を先送りにしていると、下記の問題が生じ、最悪の場合、廃業になってしまいます。

① 経営者の経営に対する想い、価値観、態度、信条といった経営理念を後継者に伝える時間が足りない。

② 後継者が業務知識や経験、人脈、リーダーシップなどの経営ノウハウを習得できない。

③ 取引先・従業員の信頼が得られない。

廃業によって、雇用や企業固有の技術・ノウハウなどが失われてしまうのは、わが国経済にとって大きな損失であると思われます。

そのようなことにならないためにも、事前に後継者候補を見つけ、その候補者を教育・育成し、段階的に経営権を移していくといった計画的な取り組みが大切です。

2 後継者教育

中小企業の経営者には、事業運営に関する現場の知見のみならず、営業・財務・労務等の知見も必要です。このような能力は短期間で習得できるものではないので、教育には十分な期間を準備し、経験を積ませる必要があります。

育成方法としては、社内教育と社外教育があります。

1 社内教育

営業・財務・労務といった各分野を一通り経験できるようなローテーションを組むことが考えられます。また、経営企画といった経営の中

枢を担ってもらい、経営者としての自覚を育てることも有効です。

2 社外教育

　他社に勤務することで、経営手法や技術、会社のあり方について多様な経験を積むことができます。また、外部のセミナー等で体系的な教育を受けることができます。

3 オーナーとの保証・担保への対応

　経営者が法人の借入金について個人保証をしていたり、経営者が個人資産を法人の借入れの担保に供しているケースもありますが、保証・担保については経営者が交代した場合には変更するなどの対応が必要となってくるので、計画的に事前に対応すべきです。

　経営者の個人保証については、金融機関等の債権者に「経営者保証に関するガイドライン」に沿った対応が求められるようになっています。その結果、当該ガイドラインに即した対応を行っている、もしくはその努力を行っている事業者であれば、経営者保証の解除が実施されるケースもあります。

1 経営者保証ガイドラインが中小企業側に求める対応

(1) 法人と経営者との関係の明確な区分・分離

- 資産の分離
- 経理・家計の分離

　例) 会社から経営者への貸付け等による資金流出の防止など

(2) 財務基盤の強化

　例) 会社の資産や収益力で借入金の返済が可能と判断できる財務状況および経営成績が期待されている。

(3) 財務状況の正確な把握、適時適切な情報開示等による経営の透明性の確保

経営者および後継者は、金融機関からの情報開示の要請に対して適切に対応する必要があります。具体的には、年1回の決算報告（貸借対照表、損益計算書、勘定科目明細等）や、試算表・資金繰表などの定期的な報告などです。

2 経営者保証ガイドラインが金融機関側に求める対応

① 法人と経営者との関係が明確に分離されている場合などに、経営者の個人保証を求めないことなどを検討すること

② 多額の個人保証を行っていても、早期に事業再生や廃業を決断した際に一定の生活費等（破産手続きを行った場合に経営者の手元に残すことができる自由財産99万円に加え、年齢等に応じて100〜360万円）を残すことや、「華美でない」自宅に住み続けられることなどを検討すること

③ 保証債務の履行時に返済しきれない債務残額は原則として免除すること　など

3 既存の保証契約の適切な見直しに関する事例（事業承継に伴い保証契約を見直した事例）

金融庁では、「経営者保証ガイドライン」の活用に関して金融機関等により広く実践されることが望ましい取り組みを次のように事例集として取りまとめ、公表していますので参考になります（平成29年12月改訂版より）。

事例28　事業承継に際し、元社長の保証を解除した事例
(1) 主債務者及び保証人の状況、事案の背景等
（省略）

(2) 保証契約の見直しの具体的内容
・社長からの相談を受け、当行の営業店において「経営者保証に関するガイドライン」の事業承継時の対応に則して、今回の事業承

2　承継対策

継を機に元社長の保証を解除する可能性を検討したが、当行所定のチェックシートでは、法人と経営者との関係の区分・分離が不十分なため、引き続き保証を求める可能性を検討することとなった。

・しかしながら、これまでの返済状況や担保による債権の保全状況に全く問題がなかったことから、前経営者の実質的な経営権・支配権、既存債権の保全状況、法人の資産・収益力を勘案し、ガイドラインの趣旨に則して、元社長の保証を解除することとした。

事例30　経営者の交代に際し、前経営者の保証を解除し、新経営者から保証を求めなかった事例(1)

(1)　主債務者及び保証人の状況、事案の背景等

（省略）

(2)　保証契約の見直しの具体的内容

・当社の意向を受けて、当行において検討したところ、以下のような点から、法人と経営者との関係の区分・分離が図られていることを勘案し、前経営者の保証を解除するとともに、新経営者に対しても新たな保証を求めないこととした。

①　事業用資産はすべて法人所有であること

②　法人から役員への貸付がないこと

③　当社の代表者は内部昇進での登用が中心であり、その親族は取締役に就任しておらず、取締役会には顧問税理士が監査役として参加しているなど、一定の牽制機能の発揮による社内管理体制の整備が認められること

④　法人単体の収益力により、将来に亘って、借入金の返済が可能であると判断できること

⑤　財務諸表のほか当行が求める詳細な資料（試算表等）の提出にも協力的であること

99

第5章　オーナー経営者の死亡に備える資金・承継対策

事例36　保証契約の期限到来に伴い、経営者保証を解除した事例(1)

(1)　主債務者及び保証人の状況、事案の背景等

(省略)

(2)　保証契約の見直しの具体的内容

・当行において検討を行ったところ、以下のような点を勘案し、既存の根保証契約の解除を行うこととした。

①　本社、工場、営業所等の事業活動に必要な資産はすべて法人所有となっており、役員への貸付金や不透明な経費計上等もなく資金のやりとりは適切な範囲内に収まっており、また、役員報酬は、業況、事業規模等から妥当な水準と判断されるなど、法人と経営者との関係の明確な区分・分離がなされていること

②　好業績が続いており、充分な利益が確保されていること

③　決算関連資料が継続的に提供されているほか、渉外担当行員が週1回訪問し、業況変化の報告や資金需要等の相談を受けるなど、情報開示についても協力的であること

④　創業以来のメイン行として、業況変化や資金需要等ある際には事前に相談を受けるなど、従前から良好なリレーションシップが構築されていること

---

4 オーナーとの金銭貸借の整理

　オーナーと会社との金銭貸借については、オーナーへの貸付けであれば、適正な利息を収受しているか、返済財源が確保できているか（最初から返済する意思がないのではないか）、といった点が問題となります。また、オーナーからの借入れであれば、オーナーの資金の出所や、個人で負担すべき支出を会社に付け替えたのではないか、といった点が問題にされることが多いようです。

2 承継対策

1 オーナーに対する債権

（1）貸付金

　会社がオーナーに対して無利息や低利で貸付けを行った場合、通常受け取るべき利率により計算した利息との差額について、経済的利益の無償の供与とされ、その相手が役員や使用人であれば給与として源泉徴収が必要となります。

　法人税では、役員給与であっても定期同額給与に該当するため不相当に高額でない限り損金算入されますが、税務調査で給与と認定された場合には、源泉徴収税額とともに不納付加算税が課されることとなります。

　この適正な利率について、所得税では次の取扱いがあります。

所得税基本通達36-49（利息相当額の評価）

　使用者が役員等に貸し付けた金銭の利息相当額については、当該金銭が使用者において他から借り入れて貸し付けたものであることが明らかな場合には、その借入金の利率により、その他の場合には、貸付けを行った年の特例基準割合（筆者注：平成29年は1.7％）による利率により評価する。

所得税基本通達36-28（課税しない経済的利益……金銭の無利息貸付け等）

　使用者が役員等に対し金銭を無利息または36-49により評価した利息に満たない利息で貸し付けたことにより、その貸付けを受けた役員または使用人が受ける経済的利益で、次に掲げるものについては、課税しなくて差し支えない。

⑴　（省略）

⑵　役員等に貸し付けた金額につき、使用者における借入金の平均調達金利（たとえば、使用者が貸付けを行った日の前事業年度中における借入金の平均残高に占める当該前事業年度中に支払うべき利息の額の割合など合理的に計算された利率をいう。）など合理的と認められる貸付利率を

101

第5章　オーナー経営者の死亡に備える資金・承継対策

> 　定め、これにより利息を徴している場合に生じる経済的利益
> (3)　（省略）

　これらの通達によれば、役員等に対する貸付けについては、基本的に、他から借りて、そのまま貸すひもつきの場合には、その借入金利によります。また、ひもつきでない場合には、特例基準割合によります。また、仮にこれらより低い場合であっても、平均調達金利等の合理的な利息であれば、経済的利益に対する課税は行われません。

　しかし、無利息など、合理的な利息ではないと判断されると、特例基準割合（明らかなひもつきであればその借入れにかかる利率）による利息が認定されることとなります。

(2) 貸付金以外の債権

　立替金、未収入金、仮払金等として計上される債権については、短期間で回収することを前提とし、無利息として処理することが一般的です。ところが、特にオーナーやその同族関係者に対して長期間精算されずに残っている場合、貸付金として利息の認定が行われる可能性があります。

(3) オーナーに対する債権を減らす方法

　債権の返済を受ける方法としては、①不相当に高額とされない範囲で役員給与を増額して対応する、②貸付けが多額に上る場合には、退職時または分掌変更時に役員退職給与と相殺する方法などが考えられます。

2　オーナーからの借入金

(1) 税務上の問題

❶　法人税

　オーナーからの借入れにかかる適正利率は、貸付けの場合と同様、平均調達金利などが基準となります。適正利率よりも高い利息を支払っ

た場合には、その高い部分については給与課税等の問題が発生します。

ところが、無利息または適正利率よりも低い利息とした場合、会社側では、支払利息の損金算入と受贈益の益金算入が同額生ずるため所得として認識する必要はありません。

❷　相続税

オーナーに相続が発生した場合、オーナーから法人に対する貸付金は相続財産となります。下記の「(3)貸付金の評価」で詳述するように、通常、その貸付金額は額面金額で評価されるため、回収可能性の低い、あるいは、まったく回収のできない貸付金であるとしても相続税が課税されることもあります。

(2) オーナーからの借入金を減らす方法

オーナーからの借入金の削減対応策として次の方法があります。

❶　役員報酬の減額

役員報酬を減額することにより、その減額分をオーナー借入金の返済に充当する方法です。

❷　代物弁済

オーナーからの借入金を、法人が所有する財産、たとえば、不動産・ゴルフ会員権、生命保険契約等の代物弁済すべき対象物を金銭の支払いの代わりに受け渡すことにより返済を行う方法です。

❸　貸付金の債権放棄

返済のめどがたたなければ債務免除を行う方法です。

この場合、債務免除を受けた会社側では債務免除益が益金算入されます。しかし、繰越欠損金があれば繰越欠損金（法人税法57条）と相殺されるため、債務免除は繰越欠損金の範囲内で行うのがよいでしょう。

❹　貸付金の贈与

オーナーから法人への貸付金を事業承継者あるいは相続人等に対し

103

第5章　オーナー経営者の死亡に備える資金・承継対策

て暦年課税で生前贈与する方法です。

❺　DES（債務の資本化）

通称DES、デット・エクイティ・スワップとは、債権者が債務者に対する債権を現物出資し、債務者の債務を消滅させ、債務者の資本を増加させる増資の手法です。

つまり、オーナー借入金を資本に振り替えることにより、借入金を削減させる方法です。

返済が滞っている貸付金の場合、オーナー側では貸付金の時価は帳簿価額を下回る可能性があり、その場合は譲渡損が生じます。一方の法人側では、オーナー借入金の時価について資本金等の額を増額し、借入金の帳簿価額との差額については債務消滅益として益金に算入されます。

（3）貸付金の評価

財産評価基本通達では、貸付金の評価について、次のように取り扱われています。

財産評価基本通達204（貸付金債権の評価）

　貸付金、売掛金、未収入金、預貯金以外の預け金、仮払金、その他これらに類するもの（以下「貸付金債権等」という。）の価額は、次に掲げる元本の価額と利息の価額との合計額によって評価する。

⑴　貸付金債権等の元本の価額は、その返済されるべき金額

⑵　貸付金債権等に係る利息（208《未収法定果実の評価》に定める貸付金等の利子を除く。）の価額は、課税時期現在の既経過利息として支払を受けるべき金額

財産評価基本通達205（貸付金債権等の元本価額の範囲）

　前項の定めにより貸付金債権等の評価を行う場合において、その債権金額の全部または一部が、課税時期において次に掲げる金額に該当するとき

その他その回収が不可能または著しく困難であると見込まれるときにおいては、それらの金額は元本の価額に算入しない。

(1) 債権者について次に掲げる事実が発生している場合におけるその債務者に対して有する貸付金債権等の金額（その金額のうち、質権および抵当権によって担保されている部分の金額を除く。）

  イ　手形交換所（これに準ずる機関を含む。）において取引停止処分を受けたとき

  ロ　会社更生法（平成14年法律第154号）の規定による更生手続開始の決定があったとき

  ハ　民事再生法（平成11年法律第225号）の規定による再生手続開始の決定があったとき

  ニ　会社法の規定による特別清算開始の命令があったとき

  ホ　破産法（平成16年法律第75号）の規定による破産手続開始の決定があったとき

  ヘ　業況不振のためまたはその営む事業について重大な損失を受けたため、その事業を廃止しまたは6か月以上休業しているとき

(2) 更生計画認可の決定、再生計画認可の決定、特別清算に係る協定の認可の決定または法律の定める整理手続によらないいわゆる債権者集会の協議により、債権の切捨て、棚上げ、年賦償還等の決定があった場合において、これらの決定のあった日現在におけるその債務者に対して有する債権のうち、その決定により切り捨てられる部分の債権の金額および次に掲げる金額

  イ　弁済までの措置期間が決定後5年を超える場合におけるその債権の金額

  ロ　年賦償還等の決定により割賦弁済されることとなった債権の金額のうち、課税時期後5年を経過した日後に弁済されることとなる部分の金額

(3) 当事者間の契約により債権の切捨て、棚上げ、年賦償還等が行われた場合において、それが金融機関のあっせんに基づくものであるなど真正に成立したものと認めるものであるときにおけるその債権の金額のうち(2)に掲げる金額に準ずる金額

　上記のように、貸付債権等の価額は、原則として、元本の価額と利息との合計額によって評価すると規定されており、財産評価基本通達

第5章　オーナー経営者の死亡に備える資金・承継対策

205の(1)から(3)に掲げる金額に該当する場合、その他その回収が不可能または著しく困難であると見込まれるときには、これらの金額は元本の価額に算入しないこととされています。

しかし、資金繰りが苦しくオーナーからの借入金でなんとか維持しており、その返済はままならないという状況は「回収が不可能または著しく困難であると見込まれる」事由に該当せず、原則どおりの評価となります。その結果、現金化できない財産に相続税が課税されることとなります（「その回収が不可能または著しく困難であると見込まれるとき」に該当するか否かが争点とされた国税不服審判所平成18年12月22日裁決）。

3　債務免除の場合の留意点

債務を免除する場合、次のような留意点があります。

（1）未払役員給与の免除に伴う源泉徴収

源泉徴収は支払い時に行われるため、未払計上した段階では源泉徴収を要しません。

ここで、「支払い」には、現実に金銭を交付する行為のほか、その支払いの債務が消滅する一切の行為が含まれることとされています。債務免除も支払いに含まれるため、未払給与につき債務免除をすると、免除時に源泉徴収を行う必要があります（債務超過の状態が相当期間継続し、その支払いをすることができないなど一定の場合を除きます。）（所得税基本通達181 ～ 223共－1、2）。

（2）会社側での債務免除益課税

債務免除を受けた会社側では債務免除益が益金算入されます。ただし、繰越欠損金（法人税法57条）があれば相殺されるため、債務免除は繰越欠損金の範囲内で行うのがよいでしょう。

（3）他の株主へのみなし贈与

債務免除により、会社の株式の価値が増加しますので、債務免除し

たオーナー以外の株主に対する贈与があったものとして取り扱われます（相続税法基本通達9－2）。ただし、債務超過の会社で、債務免除後も債務超過である場合には問題となりません。

債務免除は、業績の回復が当分見込めず、かつ、オーナーが高齢の場合には、有力な選択肢です。

（4）債権放棄の意思表示

債権放棄は、債権者が債務者に対して一方的にその意思を表示すればよく、債務者の同意は必要としません（民法519条）。

つまり、オーナー役員が債権放棄の意思表示をすれば、法人側での債権放棄の受け入れに対しての意思表示は不要です。オーナー役員は債権放棄通知書または念書により意思表示を明らかにし、確定日付をとっておくとよいでしょう。

5 株式の整理

1 名義株の整理

（1）名義株とは

名義株とは株主名簿上の名義と真の株主が一致しない株式のことです。

（2）名義株の発生原因

株式会社の設立について、平成2年の商法改正前までは最低7人の発起人が必要でした。各発起人は1株以上の株式を引き受けなければならなかったため、第三者の名義を借り受けて株式会社を設立したケースが多くあり、その後も名義の整理をしないまま相続を迎えて困っているケースが多く見受けられます。

107

（3）名義株の問題点

❶ 株主としての権利行使

株主として権利行使するには、株主名簿に記載されなければなりません（会社法121、124条）。すなわち、株主名簿に記載されている者が株主として扱われることとなり、株主となった事情については全く考慮されません。

したがって、真の株主が出資払込みの事実を証明できない場合や、名義人との間で名義貸与に関する覚書や念書等が作成されていないときは、名義人に株主としての権利が帰属し、買取請求や相続による株式分散のリスクが発生します。

❷ 実質株主の判定

真の株主である名義借用者が、出資払込みの事実を証明できる場合は、最高裁の昭和42年11月17日の判決では「実質上の引受人である名義借用者が株主となるのが相当である」としています。

❸ 税務上の取扱い

株主名簿に記載されている株主等が単なる名義人である場合には、実際の権利者が株主等として取り扱われます。実際に出資払込みをした者、名義貸与に関する覚書・念書等の有無、配当金の受領や議決権の行使を誰がしているかなどにより、実際の権利者が特定されます。

法人税基本通達1−3−2（名義株についての株主等の判定）

　法第2条第10号（同族会社の意義）に規定する「株主等」は、株主名簿、社員名簿または定款に記載または記録されている株主等によるのであるが、その株主等が単なる名義人であって、当該株主等以外の者が実際の権利者である場合には、その実際の権利者を株主等とする。

---

❹ 名義株と相続税

名義株の権利関係については次のようなトラブルが発生する可能性

があります。

【トラブル1】 名義株を真実の株主の名義に書き換えたら、贈与と認定され贈与税が課されました。

〈対応策〉

名義株であることを証明するため、名義貸与時に「名義貸与承諾書」、「念書」等を作成し事実関係をはっきりさせておく必要があります。

【トラブル2】 被相続人以外の家族名義の株式が、名義株であるとされ相続財産に取り込まれました。

〈対応策〉

真実の株主であることを証明するために次の点に注意しておく必要があります。

・議決権を実際に行使する。

・配当金を実際に受領する。

・株券を現実に保管しておく。

❺　名義株かどうかの事実関係の確認

いわゆる名義株について、それが名義株かどうかの事実関係を判定するには、およそ次の事実を確認する必要があります（岩下忠吾『税理士必携　事例にみる相続税の疑問の解説』ぎょうせい）。

　㋑　その株式を取得した経過と名義を使用した理由ないし目的

　㋺　株券を発行していたのか、その株券は誰が所有し、管理していたのか

　㋩　株主台帳の名義とその後の変更の事実

　㊁　その株式の取得資金の負担者と名義人が異なる場合の資金の贈与の有無

　㋭　名義人がその株式そのものまたは資金の贈与を受けたかどうかの事実

　㋬　名義人が贈与税の申告をしていたかどうか

109

第5章　オーナー経営者の死亡に備える資金・承継対策

⑥　設立時の法人税申告書別表2の株主と、設立後の別表2の株主の異動の事実

⑦　株式にかかる配当金の受領者、申告の状況

⑨　⑦により名義人がその株式を自己の株式として認識していたかどうか

⑩　株主総会通知、株主総会議事録、取締役会議事録その他株式に関する会社の記録の確認

以上の状況を確認し、かつ、その証拠資料を収集して事実関係を吟味の上、判断する必要があります。

❻　名義株の解消

株主名簿の記載事項を変更して名義株を解消しようとする場合には、名義借用者であるオーナー株主に贈与税の問題が生じる可能性があります。出資払込みの事実を証明する書類や名義貸与に関する覚書・念書等を整備した上で、株主名義の変更を行う必要があります。

名義貸与に関する覚書や念書等が存在せず、名義の書き換えについて協力が得られないときは、名義人からの株式の買い取りや、種類株式（議決権制限）を活用した少数株主の排除を検討するなどの対策が必要となります。

2　所在不明株主への対応

●　所在不明株主の株式売却制度

所在不明で連絡の取れない株主について、次の要件をいずれも満たしているときは、取締役会の決議により、裁判所の許可を得て株式を売却すること（自己株式取得も可能）が認められています。

④　株主に対する通知または催告が5年以上継続して到達しないとき

⑪　その株主が継続して5年間剰余金の配当を受領しなかったとき

110

第6章

代表者が
逝去した場合の
法務・労務・税務

1 法務関係

1 取締役の数が、定款に記載された員数を欠くことになった場合

　代表取締役の急逝により、取締役の数が、定款に記載された員数を欠くことになった場合には、次の手続きをとる必要があります。

①　株主総会により取締役の補充手続きを行います（会社法329条1項）。

②　利害関係人が裁判所に対して一時取締役選任の申し立てをします（会社法346条2項）。

③　定款変更により員数を変更します。

④　取締役会設置会社の場合は、取締役会の廃止手続きを行うことにより取締役を2名以下とすることもできます。

2 代表取締役の選任手続き

　代表取締役の選任は、公開会社は取締役会の設置が義務づけられていますので取締役会により行われます。

　また、非公開会社については、取締役会を設置していれば取締役会により、取締役会を設置していなければ株主総会等により行われます。

1 法務関係

■代表取締役の選任方法

分類		代表取締役の選任方法
公開会社		取締役会
非公開会社	取締役会設置	取締役会
	取締役会非設置	①定款に規定する方法 ②取締役の互選による選任 ③株主総会

（注）　非公開会社・公開会社……定款にすべての株式について譲渡制限の定めを設けている会社を非公開会社といい、それ以外の会社を公開会社といいます。

3 株主総会による取締役の選任

　取締役会非設置会社が新代表を選任する場合や、新代表となる者が従前には取締役でなかった場合には、臨時株主総会の開催が必要となります。

　死亡した前代表が大株主であった場合は、臨時株主総会では前代表の相続人が株主の権利を承継し、議決権を行使することになります。

　なお、相続人が複数いる場合には、新代表の選任時点で、遺産分割も未了となっているケースがほとんどです。

　このように、株主が相続人全員により準共有となっている場合には、議決権を行使するためには、権利行使者を選定する必要があります（会社法106条）。

113

第6章　代表者が逝去した場合の法務・労務・税務

■相続株式の権利行使者選定届の記載例

株式会社△△商事　御中

相続株式の権利行使者選定届

　私たちは、被相続人△△△△の所有であった御社の普通株式○○○株
については、相続人全員の同意により、○○○○を権利行使者に選定い
たしましたので、お届けいたします。
　　　　　平成○○年○○月○○日
　　　　　　　　相続人　○○　○○
　　　　　　　　相続人　○○　○○
　　　　　　　　相続人　○○　○○

4 　1人取締役の死亡時の対応

1 　1人取締役の欠員

　取締役が1人しかいない場合に、その取締役が欠けた場合、取締役
が存在しなければ会社の業務を遂行することができず、また、株式会
社は最低1人の取締役を置かなくてはなりませんから（会社法326条
1項）、新たに取締役を選任しなければなりません。

　この点について、会社法の下では、次のような方法が考えられます。

（1）一時的に取締役の職務を行う者（一時取締役）の裁判所による
　　選任

　取締役の選任は株主総会決議によってなされるため（会社法329条
1項）、株主総会の招集が必要ですが、この招集権限は取締役にあり
ます（会社法296条3項）。取締役が欠けている場合、株主総会を招
集することができないので、まず、株主総会を招集する者の存在が必
要です。

114

この点、「裁判所は、必要があると認めるときは、利害関係人の申し立てにより、一時役員の職務を行うべき者を選任することができる。」（会社法346条2項）とされていますので、株主等が、利害関係人として、裁判所に対し一時取締役の選任を申し立てることができます。

(2) 株主総会の招集、取締役の選任決議

裁判所により選任された一時取締役が、株主総会を招集し、株主総会において、新たな取締役の選任決議をします（会社法329条1項、341条）。

もっとも、株主全員の同意がある場合は、招集手続きを経ずに株主総会を開催できます（会社法300条）ので、招集手続きを省略して株主総会を開催することが可能な場合は、株主総会を開催して取締役を選任できます。

さらに、株主全員の同意が得られるのであれば、書面等で同意の意思表示を確認して、株主総会の決議を省略することも考えられます（会社法319条）。

2 補欠取締役

会社法においては、役員（取締役、会計参与、監査役）の選任に際し、当該役員が欠けた場合に備えて、補欠の役員を選任しておくことができるとされています（会社法329条2項、会社法施行規則96条）。

5 株主名簿の名義書換え

株式を相続した相続人が、会社に対し権利行使をするためには、株主名簿の名義書換えをしなければならず（会社法130条）、会社に対して、名義書換えを請求することができます（会社法133条1項2項、会社法施行規則22条1項4号）。

遺産分割協議が成立した場合には遺産分割協議書を添付した株主名

簿記載事項変更申請書を提出してもらいます。

　この協議書には、被相続人の戸籍・除籍謄本（戸籍・除籍全部事項証明書）、相続人の戸籍謄本（戸籍全部事項証明書）および印鑑登録証明書なども合わせて添付することが必要となります。被相続人の戸籍・除籍謄本（戸籍・除籍全部事項証明書）は、原則として被相続人の出生時から死亡時までの連続したものが必要です（相続人が兄弟姉妹の場合には、被相続人の両親の戸籍謄本（戸籍全部事項証明書）も必要です。）。株券が発行されている場合は、株券の提示も必要です（会社法133条2項、会社法施行規則22条2項1号）。

　遺産分割協議書ではなく、遺産分割の調停調書正本もしくは謄本、または審判書正本または謄本および確定証明書がある場合には、これらの書類を添付します。

6 相続人等に対する売渡請求

　譲渡制限株式でも相続等による移転については取締役会等の承認は不要です。相続が起こり、会社側でその株主が経営上好ましくないものだったとしても相続人を新たな株主として取り扱わなければなりません。

　そこで、会社法では、相続などにより株式（譲渡制限株式に限られます。）を取得した者に対して、その株式を会社に売り渡すよう請求することができる相続人等への株式売渡請求という制度（会社法174条）を備えています。

　株式売渡請求手続きのフローは次ページのとおりです。

　この制度の利用に当たっては、主に以下の点に留意すべきです。

■株式売渡請求手続きのフロー

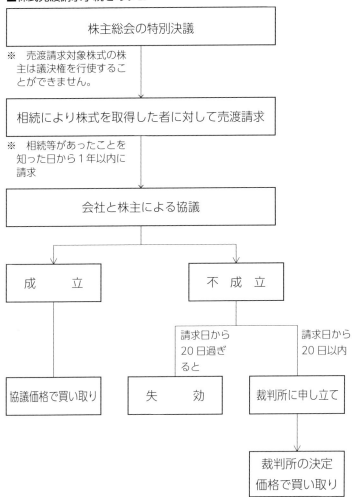

1 定款の定め

　この制度に従って会社が譲渡制限株式を一般承継人から取得するためには、たとえば「当社は、相続その他の一般承継により当社の株式を取得した者に対し、当該株式を当社に売り渡すことを請求することができる。」という内容の定款の定めが必要です（会社法174条）。

2 請求期限

相続等があったことを知った日から1年以内に、株主総会の決議を経て請求する必要があります。

3 売買価格

売渡請求の価格は、原則として、会社と株式を有する者の協議によって決定するのが原則です（会社法177条1項）。協議が不成立ならば、売渡請求日から20日以内に、裁判所に対して、売買価格の決定を申し立てることができます（会社法177条2項）。

なお、売渡請求の日から20日以内に申し立てがなされず、かつ、当該期間内に売買価格の合意に至らない場合には、会社が行った売渡請求は、効力を失うものとされています（会社法177条5項）。

4 財源規制

会社の純資産から資本および法定準備金等を控除した額（分配可能額）の範囲内でのみ株式の買い取りを行うことができます（会社法461条）。

5 後継者に対する買取請求の可能性

現経営者について相続が発生し、株式を後継者が取得した場合、少数株主が主導して会社から買取請求されてしまう可能性があります。

このとき、買取請求を行うか否かを決める株主総会において、後継者は利害関係株主として議決権を行使できない（会社法175条2項）ため、請求するか否かは後継者以外の株主に委ねられます。その結果、後継者が取得した株式について買取請求が行われ、支配権を失ってしまう恐れが生じます。

対策としては、①先代経営者の株式をほかの会社にあらかじめ移転しておく、②買取請求の対象となる株式は譲渡制限株式であるので、先代経営者の株式の譲渡制限をあらかじめ外す、といったことが考えられます。

1　法務関係

7　遺産未分割の場合の議決権の行使と総会の成立

1　相続財産の帰属

　相続の開始（被相続人の死亡）により相続財産（被相続人の権利義務）は相続人に承継されます。

　相続財産は、被相続人の資産、負債、権利義務の一切が対象となります。

　相続の仕方としては、次の形があります。

　①　遺言による相続

　②　遺産分割による相続

　③　相続人による共同相続

　遺産分割による場合、遺産分割協議が成立するまでの間は、相続人全員の準共有の状態となり（民法264条）、遺産分割協議の成立により、相続開始時に遡って各相続人に帰属することとなります。

2　株式が2名以上の共有となっている場合

　株式が2名以上の共有に属するときは、株主の権利（自益権共益権）を行使すべき者1名を定め、会社に通知することを要します。その者の氏名を通知しなければ、当該株式についての権利を行使することはできません（会社法106条）。

3　権利行使者を定める場合

　権利行使者を定める場合は、持分の価額に従いその過半数を持って決めることができます（最高裁平成9年1月28日判決）。しかし、会社に対する通知は持分の準共有者の一部のみによってすることはできず、全準共有者が参加して選定および通知することを要します（大阪地裁平成9年4月30日判決）。

　※　議決権の行使は共有物の管理に該当する事項であるので、通常は、
　　　共有者全員で協議をした上、持分の過半数で、どのように議決権を行

119

使するかを決定することになります（民法252条）。

4 権利行使者が会社に通知された場合

権利行使者が会社に通知された場合（会社法106条）には、当該権利行使者が、株主総会の３日前までに会社に通知し、議決権の不統一行使をすることにより（会社法313条１項）、法定相続分に応じた議決権の行使を実現することができる場合もあります。ただし、権利行使者が不統一行使に協力しなければ、その実現は困難です。

権利行使者が会社に通知されていない場合には、会社が拒否すれば、そもそも議決権の行使自体、いっさいすることができません（相澤哲他『新会社法 千問の道標』（商事法務）493ページ）。

5 共有者の１人に権利行使を認める場合

株式が複数の者に共有されている場合において、権利行使者の通知のないときであっても、株式会社は自らのリスクにおいて共有者の１人に権利行使を認めることができるとしています（会社法106条ただし書き）。

この場合、実際に共有者間で権利行使者として定められた者以外の者に権利行使を会社において認めてしまったとき、他の共有者が被った損害については、一般原則に従い、会社が賠償責任を負うべきこととなる場合があるので注意を要します。

会社としては、権利行使者の通知のない共有株主に議決権を行使させる場合には、あらかじめその協議内容等を確認すべきであるといえます。

6 株式が準共有の場合

大株主が死亡したことにより遺産分割を要する場合、準共有株主で権利行使者の定めがないものは議決権を行使することができません（会社法106条）が、その数は定足数の要件には算入されます。

準共有株式については、権利を行使する者１名を相続人全員により

定めるよう求めるべきです。

この場合、権利行使者が議決権の不統一行使により、法定相続分に応じた議決権の行使が可能である旨を説明し、協力を求めるべきです。

また、これができない場合には、会社は自らのリスクにおいて特定の共有者に権利行使を認めることも可能です。

8 その他の名義変更

故人が自社株を保有していた場合、株式を取得した人から株式の名義変更の申し入れがありますので、前述の本章の **1** の「5　株主名簿の名義書換え」の対応が必要です。

それ以外にも、すみやかに名義変更の手続きをします。

1 同族会社が土地を借りている場合の名義変更

故人が所有していた土地を会社が借り、その上に同族会社所有の建物を建築していた場合、相続により、その契約が相続人に引き継がれるため、契約者の変更が必要になります。

2 オーナーとの金銭貸借がある場合の名義変更

オーナーに対して貸付金・立替金・未収入金・仮払金等の債権、借入金・未払金・仮受金等の債務がある場合、その契約が相続人に引き継がれることにより契約者の変更が必要になります。

3 代表取締役変更の届け出

代表取締役の変更があった場合の届け出が必要となる官公庁等は次のとおりです。

建設業の許可等の許認可を受けている場合は、ほとんどの場合に代表者変更届が必要となります。

- ●税務関係……税務署、都税事務所、県税事務所、市役所等
- ●労働・社会保険関係……労働基準監督署、職業安定所、年金事務

第6章　代表者が逝去した場合の法務・労務・税務

所等
- ●許認可の申請先
- ●金融機関
- ●取引先

9 社葬後に必要となる書類等一覧

	株　式	会社役員の死亡
手　続　き	名義変更	役員の変更登記
申　請　期　限	期限なし （遺産分割後すみやかに）	２週間以内
印　　　鑑	○	○
印　鑑　証　明　書	相続人全員 ○	新代表者 ○
住　民　票	―	―
戸　籍　謄　本	―	―
戸　籍　抄　本	―	―
除　籍　謄　本	―	○
除　籍　抄　本	―	―
死　亡　診　断　書	―	―
死亡者の年金 手帳（証書）	―	―
保　険　証　書	―	―
そ　の　他	遺産分割協議書、名義書換請 求書（株券、社債、国債など）	取締役会議事録 株主総会議事録

122

1 法務関係

One Point Check **法定相続情報証明制度**

　名義変更や登記には被相続人の相続人であることを証明するため、被相続人の除籍謄本や相続人の戸籍謄本を添付することとなりますので、数十通もの書類を何度も準備することとなります。

　この相続人の事務手続きの負担を軽減する制度として、平成29年5月29日から「法定相続情報証明制度」が創設されました。この制度を利用することにより、戸籍謄本の束の代わりにこの証明書を提出すれば各種の相続手続きができるようになりました。

　この制度は、法定相続人または代理人（弁護士、司法書士、税理士等の「士業者」に限ります。）により戸・除籍謄本等を収集し、「法定相続情報一覧図」を作成し、これを添付した申出書を法務局に提出し確認を求めます。

　法務局は登記官により書類の確認を行い、提出された「法定相続情報一覧図」を保管します。法務局はこれにより「認証文付き法定相続情報一覧図の写し」を交付（手数料はかかりません。）します。

　なお、「法定相続情報一覧図」は作成の年の翌年から5年間保存され、その間再交付の申し出をすることができます。

123

2 労務関係

1 退職金

在職中に死亡した場合は、退職金が支払われます（詳細は後述「3 税務関係」の「**3**役員退職金」をご参照ください。）。

2 給与の精算

在職中に死亡した場合は就業規則に基づき給与を精算し、その年の1月1日から死亡日時までの給与の額等を記載した源泉徴収票を発行します。

- 未払いの給与などを精算します。
- 旅費、交通費など支払われていないものがあれば精算します。
- 役員死亡時までに支給期日の到来した役員報酬については、死亡退職時に調整（手続きは年末調整と同じ方法です。）をします。

3 社会保険と労災保険

埋葬料や遺族年金などが支給されますので、それに関する手続を行います。また、業務上（通勤災害を含みます。）死亡の場合は労災保険より埋葬料などが支給されますので、それに関する申請手続きを行います。

1 健康保険

(1) 手続き

① 埋葬料・家族埋葬料……一律5万円が支給されます。

② 高額療養費……1か月に自己負担金が80,100円を超えた場合、あるいは同一世帯の中で21,000円以上負担した人が2人以上いる場合、払い戻しがあります。

(2) 必要書類

① 埋葬料……埋葬料支給申請書・被保険者証（健康保険証）・死亡診断書・葬儀費用領収書、または埋葬許可証・事業主の証明

② 家族埋葬料……家族埋葬料支給申請書・被保険者証（健康保険証）死亡診断書、または埋葬許可証・事業主の証明

③ 高額療養費……高額療養費支給申請書・被保険者証（健康保険証）医療費領収証・除籍謄本・申請者の戸籍謄本・印鑑

(3) 申請先

いずれも、年金事務所

(4) 申請期日

いずれも、保険による診療費の支払いから2年以内

2 厚生年金

(1) 手続き

一般的には、18歳未満の子供のいる配偶者、または子に遺族基礎年金と遺族厚生年金が支給されます。

(2) 必要書類

国民年金・厚生年金・船員保険・遺族給付裁定請求・年金手帳・年金証書・戸籍謄本・除籍謄本・住民票（除籍の記載があるもの）・死亡診断書・年金請求者の所得証明書・印鑑

(3) 申請先

年金事務所

第6章　代表者が逝去した場合の法務・労務・税務

（4）申請期日

なるべく早く

■遺族基礎年金支給額（平成 29 年度）

子のある配偶者が受給		子が受給	
妻／子	年額	子	年額
1人	1,003,600 円	1人	779,300 円
2人	1,227,900 円	2人	1,003,600 円
3人	1,302,700 円	3人	1,078,400 円

3　労災保険

　亡くなられた方が労災保険の加入者（特別加入者を含みます。）である場合で、死亡の原因が業務上であるときは、労災保険が適用される場合があります。

　業務上死亡（通勤災害を含みます。）した場合には、労災保険の遺族補償給付申請と併せて厚生年金も申請します。

（1）手続き

① 　葬祭料……葬祭を行った人（遺族）に「31万5,000円＋給付基礎日額の30日分」と「給付基礎日額の60日分」のいずれか多い額が支給されます。

② 　遺族補償年金……故人の収入で生計を維持していた遺族に年金が支給されます。

③ 　遺族補償一時金……遺族補償年金の該当者がいない場合、その他の遺族に一時金が支払われます。

④ 　遺族特別支給金……遺族に一時金として300万円が支給されます。

（2）必要書類

① 　葬祭料……葬祭料請求書・住民票・戸籍謄本・死亡診断書・印鑑

② 遺族補償年金……死亡診断書（死体検案書）・戸籍謄本（除籍の記載があるもの）・生計の同一を証明する書類・印鑑

③ 遺族補償一時金……遺族補償一時金支給請求書・住民票・戸籍謄本・死亡診断書

④ 遺族特別支給金……遺族補償一時金支給請求書・戸籍謄本・死亡診断書

（3）申請先

勤務先を所轄する労働基準監督署

（4）申請期日

① 葬祭料……葬儀を行ってから2年以内

② 遺族補償年金……死亡から5年以内

4 生命保険金（団体生命保険）

（1）手続き

団体生命保険に加入している場合は、速やかに生命保険の受給請求を行います。

（2）必要書類

① 生命保険金……死亡保険金請求書・死亡診断書・被保険者の除籍謄本・受取人の戸籍謄本・印鑑証明書・保険証券とその契約印・最終保険料払込み領収書

② 簡易保険金……死亡保険金請求書・死亡診断書・被保険者の除籍謄本・受取人の戸籍謄本・保険証書・契約印鑑・印鑑証明

③ 請求先
生命保険金・生命保険会社・簡易保険金・かんぽ生命（郵便局）

（3）請求期限

① 生命保険金……死後3年以内

第6章　代表者が逝去した場合の法務・労務・税務

② 　簡易保険金……５年以内

5 社内預金

　社内預金などを行っている場合は、速やかに精算するようにします。財形貯蓄の場合も取引金融機関に連絡します。

6 社葬後に必要となる書類等一覧

1 年　金

	厚生年金	共済年金
手 続 き	遺　族 厚生年金	遺　　族 共済年金
申 請 期 限	５年以内	５年以内
印　　　鑑	○	○
印 鑑 証 明 書	―	―
住　民　票	世帯全員の写し ○ （住民票の除票）	世帯全員の写し ○ （住民票の除票）
戸 籍 謄 本	○	○
戸 籍 抄 本	―	―
除 籍 謄 本	―	―
除 籍 抄 本	―	―
死 亡 診 断 書	○	○
死亡者の年金 手帳（証書）	○	○
保 険 証 書	―	―

128

2 労務関係

そ の 他	所得証明書（受給者）、振り込みを受ける金融機関名と口座番号が確認できるもの		所得証明書（受給者）	

2 保 険

手 続 き	健康保険（社会保険）		労災保険	
	埋葬料（費）	家族埋葬料	葬祭料	遺族補償年金
申 請 期 限	2年以内	2年以内	2年以内	5年以内
印 鑑	○	○	○	○
印 鑑 証 明 書	―	―	―	―
住 民 票	―	―	○	○
戸 籍 謄 本	―	―	○	○
戸 籍 抄 本	―	―	―	―
除 籍 謄 本	―	―	―	―
除 籍 抄 本	―	―	―	―
死 亡 診 断 書	―	―	○	○
死亡者の年金手帳（証書）	―	―	―	―
保 険 証 書	○	○	―	―
そ の 他	事業主の証明（埋葬費用の領収書）	事業主の証明または死亡を証明する書類	―	―

3 税務関係

1 社葬費用の税務上の取扱い

1 社葬費用の範囲

　会社負担による社葬費用に関する法人税法上の取扱いについては、次の法人税基本通達９－７－19の定め以外にはなく、国税庁の質疑応答事例や文書回答事例にも見当たりません。

(1) 通達の取扱い

法人税基本通達９－７－19（社葬費用）

　法人が、その役員または使用人が死亡したため社葬を行い、その費用を負担した場合において、その社葬を行うことが、社会通念上相当と認められるときは、その負担した金額のうち社葬のために通常要する費用と認められる部分の金額は、その支出した日の属する事業年度の損金の額に算入することができるものとする。

（注）　会葬者が持参した香典等を法人の収入としないで遺族の収入としたときは、これを認める。

　社葬費用で問題になるのは、上記の通達の次のような点です。

　①　社葬を行うことが「社会通念上相当な場合」とは、どのように判断すべきか。

　②　その負担した金額が「社葬のために通常要する費用」とは、どの程度をいうのか。

　❶　社会通念上相当な場合

「社会通念上相当な場合」であるか否かは、故人の経歴や地位、生前における法人に対する貢献度、死亡の事情、法人の規模等を総合的

に勘案して判断されることになります。

　したがって、たとえば、創業者で現代表取締役の非役員の妻が亡くなった場合に、創業以来会社の繁栄を陰で支えた内助の功があるというような理由で社葬とすることは、社会通念上相当とはいえないということになると思われます。

　また、現代表取締役の祖母であり、初代社長の妻で会社にいろいろと貢献があった人（非役員）が亡くなった場合も、社葬とするのは一般的でないと思われます。

　さらに、既に死亡している元会長の妻である監査役が亡くなった場合、名称は監査役であっても実質上は得意先等の営業上の関係についての仕事をし、広く得意先等において知られているという場合には、会社に功労があったものと認められると考えられます。ところが、名目上、監査役の地位にあったというのであれば社葬とするのは社会通念上認められないと考えられます。

　建築現場での作業中の事故、海外出張の際の飛行機事故により死亡した場合は、その地位、会社への貢献度などは全く考える必要がなく、税務上も社葬として損金処理が認められているようです。

　また、仮に死亡した者がオーナー経営者の息子で、まだ取締役でなかったとしても、後継者としてのレールが敷かれており、世間でも後継者としてみられている場合には、問題とならないと思われます。

❷　社葬のために通常要する費用

　「通常要する費用」とは、会葬のための費用（読経料、案内の費用、会場使用料、祭壇料、飾りつけ費用、新聞広告料など）が該当し、密葬の費用、墓石、墓地、仏壇、位牌等の費用、院号を受けるための費用、香典返礼費用（税務用語では「香典返戻費用」。以下、本章において同じです。）、法会に要する費用など遺族が負担すべきであると認められる費用は社葬費用に該当しないものと考えられています（国税

第6章　代表者が逝去した場合の法務・労務・税務

不服審判所昭和50年10月16日裁決参照)。

　遺族が負担すべきであると認められるこれらの費用を法人が負担した場合の負担額は、故人の遺族に対して贈与(遺族の一時所得になります。ただし、遺族が役員または使用人である場合には、賞与を支給したことになります。)をしたものとして取り扱われます。

　通常要する費用には、原則として、葬儀費用のほかにそれに伴う通常の範囲内での飲食代や葬儀の会葬者に配布する「会葬御礼品」は、会葬者に対する謝礼の意味をもっていますので、その地域の習慣、世間一般的な常識に照らして相当なものであれば、社葬費用に含まれるものといるでしょう。

　また、葬儀の終了後に場所をホテルに移し行われた「おとき」(参列者に食事を提供する仏事)は、故人への追善供養のため行われたものと認められますので、この費用は社葬費用ではありませんが、得意先等の取引先関係者を対象とした分は交際費等とし、現代表者の親族、友人を対象とした分は現代表者個人に対する賞与とされた裁決事例があります(国税不服審判所昭和60年2月27日裁決　裁決事例集29集111頁)。

　これは、葬儀当日の「骨あげ法要」と「初七日の繰り上げ法要」を一緒に行うことなどを考慮して、個人の費用と会社の費用を認めたものと思われます。

　ただし、上記により交際費等とされる飲食費であっても1人当たりの支出額が5,000円以下である場合は交際費等には含まれません(租税特別措置法61条の4第4項2号、68条の66第4項2号、租税特別措置法施行令37条の5第1項、39条の94第1項)。

２　「社葬のために通常要する費用」の判断の目安

　「社葬のために通常要する費用」の判断の目安として、負担した金額が社葬のために通常要すると認められるか否かについては、法人税

の取扱い上、詳細な規定を設けていませんが、相続税の取扱いにおいて、課税標準を算出する際に相続税法基本通達13－4において次に掲げるものを葬式費用として認めていますので、法人税における社葬費用の取扱いの上でも、これらを参考として判断することになると思われます。

相続税法基本通達13－4（葬式費用）

　法第13条第1項の規定により葬式費用として控除する金額は、次に掲げる金額の範囲内のものとする。

(1)　葬式、葬送に際し、またはこれらの前において、埋葬、火葬、納骨または遺骸もしくは遺骨の回送その他に要した費用（仮葬式と本葬式とを行うものにあっては、その両者の費用）

(2)　葬式に際し、施与した金品で、被相続人の職業、財産その他の事情に照らして、相当程度と認められるものに要した費用

(3)　(1)または(2)に掲げるもののほか、葬式の前後に生じた出費で、通常葬式に伴うものと認められるもの

(4)　死体の捜索または死体もしくは遺骨の運搬に要した費用

　上記通達の(1)の「火葬に関する費用」、(2)の「施与した金品」、(3)の「葬式の前後に生じた出費で、通常葬式に伴うもの」には、それぞれ次のものが該当します。

- 火葬に関する費用……火葬費、霊柩車代、棺代、収骨容器代等

- 施与した金品……読経料、お布施、戒名料等

- 葬式の前後に生じた出費で、通常葬式に伴うもの……死亡広告料、会場費、得意先等への案内状、お通夜の費用、通夜または告別式の手伝いの者へのお礼等

　(2)の施与した金品については、通常では、領収書を発行してもらえませんが、書面の証拠がなかったとしても、債務控除ができます（相続税法基本通達14－1）。なお、最近では、施主が請求すれば、領収書を発行してもらえる場合もあります。

　ただし、これらの費用のうち個人が当然に負担すべきもの、たとえ

133

ば、「火葬費用」や「戒名料」は社葬費用から除いて計算する必要が
あります。これらの費用が社葬費用とは認められず、遺族が負担すべ
き性格のものとされても、相続税の計算上、それらの費用を葬式費用
として債務控除することは認められます。

なお、税務に関するものではありませんが、名古屋高裁平成24年
3月29日判決では、次のように判示されています。

「葬儀費用とは、死者の追悼儀式に要する費用および埋葬等の行為
に要する費用（死体の検案に要する費用、死亡届に要する費用、死体
の運搬に要する費用および火葬に要する費用等）と解される。」

この判示では、「葬式費用」ではなく「葬儀費用」と文言の違いは
ありますが、上記の相続税法基本通達13－4の定めと同じ内容になっ
ています。

上記相続税の規定を参考にすると、「社葬を行うために通常要する
と認められる部分の金額」は、具体的には次のようなものであるとさ
れています（田中義幸、北山現『社葬－進め方と税務－』（税務経理
協会）56ページ）。

① 社葬の通知や広告のための費用

② 葬儀場・臨時駐車場の使用料

③ 祭壇・祭具の使用料

④ 供花・供物・花輪の費用

⑤ 屋外設備（受付用のテント、照明器具など）の使用料

⑥ 受付・会計などの備品の費用

⑦ 僧侶に対するお布施など

⑧ 配車費用（遺骨、遺族、来賓の送迎）

⑨ 警備関係の費用（交通整理、式場内の警備）

⑩ 飲食費（遺族、葬儀委員の弁当など）

⑪ 会葬者への礼状やお礼の粗品代

また、次に掲げるような費用は、相続税法上も葬式費用として認められていません（相続税法基本通達13－5）ので、法人税の計算上でも社葬費用としては認められません。

3　葬式費用にならないもの（相続税法基本通達13－5）

(1) 香典返礼費用（いわゆる香典返し）

　香典のうち、社会通念上相当と認められるものは、贈与税が非課税となっています。このため、非課税のものに対する返礼費用は、葬式費用には含めることはできません。

(2) 墓碑および墓地の買入費ならびに墓地の借入料

　墓碑および墓地は相続税の非課税財産となっています。このため、これらの購入費用も葬式費用には含めることはできません。位牌や墓石の彫刻も同様に葬式費用の対象外です。

(3) 法会に要する費用

　法会とは、法事ともいい、初七日、四十九日、一周忌、三回忌等の死者の追善供養のために営まれるものは、死者を葬う儀式である葬式とは異なるため、葬式費用には含めることはできません。

　なお、初七日法要については通夜、告別式と同時に実施（繰り上げ初七日）していて、通夜、告別式と区別が明らかにできない場合には、繰り上げ初七日にかかる費用は葬式費用に含めて構いません。

(4) 医学上または裁判上の特別の処置に要した費用

　死体解剖に要した費用等についても、葬式とは関連がないので、葬式費用には含めることはできません。

(5) 葬式に参列するための旅費等

　遠方に住んでいる親族の交通費や宿泊費を喪主が負担することもよくあります。このような費用は、葬儀に直接関係する費用でないため、葬式費用に該当しません。

　また、葬式費用にならない費用を法人が負担した場合の負担額は、

第6章　代表者が逝去した場合の法務・労務・税務

故人の遺族に対して贈与したものとして取り扱われますので、遺族については一時所得に、遺族が役員または従業員である場合には、給与を支給したことになります。この場合、給与の支給を受けた者が役員である場合は、定期同額給与（法人税法34条１項１号）または事前確定届出給与（法人税法34条１項２号）のいずれにも該当しませんので、損金の額に算入されません。

4　密葬費用

　密葬費用は、社葬費用に含めることができるのでしょうか。

　法人が社葬とは別に密葬を行い、その密葬費用を負担した場合には、その費用が社葬費用に該当するかが問題となります。

　密葬は通常故人の身内だけで行われるものですから、その費用の額は遺族が個人的に負担すべきものと認められます。この内容の密葬費用は「社葬のために通常要すると認められる金額」に含まれないものと考えられます。

　「社葬のために通常要すると認められる金額」の判断について、小原一博編著『法人税基本通達逐条解説』（税務研究会出版局）によれば、「例えば、密葬の費用、墓石、仏壇、位牌等の費用、さらにいわゆる院号を受けるための費用など明らかに故人の遺族が負担すべきであると認められる費用は、これに該当しないと解すべきであろう。」と「密葬費用」を社葬費用に含まれないものとして例示しています。

　したがって、法人が行う社葬とは別に密葬を行い、その費用を法人が負担した場合のその密葬費用の額は、①故人の遺族が法人の役員もしくは使用人として在籍している場合には、その遺族に対する給与として、②それ以外の場合には寄附金として取り扱われることになります。

　しかしながら、社葬の前に密葬を行い、多数の社員が参列するような実質的に社内葬的なものであり、後日の社葬は、対外的な取引先その他、社内外の関係者が出席して行われる場合に法人が負担した密葬

136

費用は、社葬費用に該当し、損金として認められるものと考えられます。

相続税における 「葬式費用」となるもの	左のうち法人税における 「社葬費用」とならないもの
① 埋葬、火葬、納骨等の費用	火葬費用
② 葬式に際し、施与した金品	戒 名 料
③ 上記以外の通常葬式に伴う出費	―
④ 死体捜索、死体・遺骨の運搬費用	―

相続税における 「葬式費用」とならないもの	左のうち法人税における 「社葬費用」とならないもの
① 香典返礼費用	同　　左
② 墓碑、墓地の購入費、墓地の使用料	同　　左
③ 法会に要する費用	同　　左
④ 医学上、裁判上の特別の処置に要した費用	同　　左
⑤ 遠隔地から葬式に参列するための親族の交通費用	同　　左

※　密葬費用は実態として社葬にかかるものであれば「社葬費用」に含まれると考えられます。

One Point Check　相続財産から控除できる債務

　相続税を計算するときは、被相続人が残した借入金などの債務を遺産の総額から差し引くことができます。

　遺産総額から差し引くことができる債務は、①被相続人が死亡したときにあった債務で確実と認められるもの、②葬式費用です。

　葬式費用は、相続開始時に現存する債務ではありませんが、相続開始に伴う必然的出費であり、社会通念上も相続財産そのものが担っている負担ともいえるため、遺産総額から差し引くことができます。

　ただし、被相続人が生前に購入したお墓の未払代金など非課税財産に関する債務は、遺産総額から差し引くことはできません。

第6章　代表者が逝去した場合の法務・労務・税務

5　相続放棄者が負担した葬式費用

　相続を放棄した人は債務控除ができないこととなっていますが、相続放棄者が葬式費用を負担した場合の取扱いについて疑問が生じるところです。

　相続放棄とは、その被相続人の財産も債務も放棄することですので、債務の負担はありません。しかし、相続は放棄しても、遺贈により遺産を取得し遺贈の放棄は行っていない場合で葬式費用を負担したケースでは、葬式費用は死亡に伴って事後的に発生した費用ですので、遺贈財産から控除してもよいことになっています（相続税法基本通達13－1）。

6　お通夜の費用

　お通夜の費用（飲食費等）を会社が負担した場合は、社葬費用として損金算入が認められるのでしょうか。

　本葬のほか、お通夜の飲食等の提供の費用についても社会通念上合理的な金額の範囲であれば、福利厚生費として損金算入が認められます（京都地裁昭和50年2月14日判決）。

　弔問者は、通夜か告別式のいずれかを選択する傾向にあるため、社葬を告別式に限定してしまうと、実態に合わなくなると思われます。

7　社葬費用と社葬取扱規程

　社葬の費用を損金にするため、社葬取扱規程の備えが必要要件となるのでしょうか。

　社葬費用は、社葬を行うことが社会通念上相当であり、かつ、会社が負担する費用が、社葬のために通常要すると認められる金額の範囲内であれば、会社の損金に算入することができます。

　したがって、社葬規程の有無が税務上の要件ではありません。しかし、社葬規程に社葬の範囲、費用負担等を定めておいて会社として一貫性を示すことが有用です。

3　税務関係

2　主な社葬関連費用の取扱い

1　香典収入と香典返しの費用

　会葬者が持参した香典収入と、その香典返しの費用の取扱いについては、香典収入を法人の収入とするか否かにより、次のように取り扱われます。

(1) 法人の収入とする場合

　社葬を行ってこの費用を法人が負担する以上、会葬者が持参した香典等は当然に法人の収益として計上すべきとする考え方です。

❶　香典等収入

　受け入れた香典を法人の収益として計上することを選択したとします。

❷　香典返しの費用

　受け入れた香典を法人の収益とした場合、その収入に対応する香典返しの費用については、社葬費用の範囲に含められるか疑問が生じるところです。

　香典返しの費用は人の死亡による香典の受領に起因して生ずるものですが、葬祭を行ったことについて必然的に生ずる不可欠な費用とはいえません。

　たとえば、遺族が香典を社会福祉団体とか医療機関などに寄附して、香典返しをしないケースもあります。

　したがって、社葬を行ったことにより受け入れた香典の全部または一部を法人の収入とした場合であっても、香典返しの費用を社葬費用の範囲に含めるのは相当でないと考えられます。会社が負担した香典返し費用は交際費となります。

(2) 遺族の収入とする場合

　これは会葬者が持参する香典等は故人の冥福を祈るためのものですから、遺族に対する弔慰金等として遺族の収入とし、法人の収益とす

139

第6章　代表者が逝去した場合の法務・労務・税務

る必要はないとする考え方です。

　法人税基本通達9－7－19の（注）では、社葬を行った場合でも、会葬者の持参した香典等については、法人の収益としないで、遺族の収入とすることができることが明らかにされています。

❶　香典収入

　所得税基本通達9－23において、遺族が受ける葬祭料、香典等で、その金額がその故人の社会的地位、故人と会葬者との関係等に照らし社会通念上相当と認められるものについては、所得税は課税されないこととされています。

　また、相続税法基本通達21の3－9においても、社交上必要と認められる香典等で、会葬者と故人との関係等に照らして社会通念上相当と認められるものについては、贈与税は課税されないこととされています。

❷　香典返しの費用

　社葬に寄せられた香典は個人が受け取っており、その返戻である引物（香典の返礼の品をいいます。）に要した費用（香典返礼費用）も個人が負担すべきであると判断されます。

One Point Check　　**香典は相続の対象となるか**

　香典は、死者の供養、遺族への見舞いや葬儀費用の負担の軽減、など様々な趣旨で交付されるものですが、法律的には、遺族の代表者（喪主）に対する贈与として解釈されています。そして、社会通念上相当の金額は所得税も贈与税も課税されないこととなっています。

　したがって、香典は相続財産には含まれず、遺産分割の対象とはなりません。

3 税務関係

2 引物の費用

会葬者に告別式の当日に引物を贈った費用は、会社が負担してよいのでしょうか。

この引物について、「引物は、元来香典の返礼と解されるものであるので、これに要した費用は、香典を収受したものが負担すべきであるから、これを社葬に要した費用に含めて法人の損金に算入することは相当でない」（国税不服審判所昭和50年10月16日裁決）という裁決が下されています。

ただ、通夜に会葬者に対し、お茶、酒などを配ったり、告別式に礼状とともにハンカチなどを渡す費用は、会葬者に対する接待代わり、または会葬に対する謝礼の意味を持っていますので、会社側が負担すべきものと解してよいでしょう。

3 法会費用

会社が行う法会に要する費用は、葬式に要する費用とは区別して扱うべきです。

葬式の日に初七日の法会も同時に行ってしまう例が少なくありません。しかし、この場合は本来の葬式と区別し難いので、相続税法基本通達13－4(3)の「葬式の前後に生じた出費で通常葬式に伴うものと認められるもの」に該当し、一括して葬式の費用として扱って差し支えないものと思われます。

法会は、その後も何回忌などの形で社内的に行われることがありますが、これは会社の行事の1つとして扱い、法会費用の取扱いはおおむね次のとおりになります。

- 社内で行う行事の諸費用……福利厚生費、雑費、雑損失
- 霊前に供える金員……交際費等
- 遺族を含む来客者へのもてなし……交際費等

なお、参列者が遺族のほか、取引先、従業員等であれば、法会に要

141

第6章　代表者が逝去した場合の法務・労務・税務

した費用を参列者の人数により、個人関係者への支出と会社関係者への支出と区分経理し、個人関係者への支出は賞与または貸付金とし、会社関係者への支出は交際費等として処理すべきです。

4　飲食費用

葬儀場において供与する通常の精進落とし程度の飲食費用は、社葬費用として認められるでしょうか。

葬儀に関連し、葬儀場で供与する通常の精進落とし程度の飲食にかかる費用は、葬儀（社葬）費用の範疇に入ります。

ところで、社葬を手伝った社員を慰労するための費用は、当日に近くの食堂等で簡単に行うものであれば、通常の社葬費用に含めてよいものと思われます。

しかし「偲ぶ会」のように、場所や日を変えて大掛かりに行うものにかかる費用は、交際費等に該当します。

5　死亡後の社葬として認められる期間

社葬は死亡時からどの程度の期間であれば、社葬費用として認められるのでしょうか。

相当の理由があり、常識的な期間内であれば問題ありません。

社葬は死亡後何日以内に行わなければならないという取扱いはありませんが、常識的な範囲内で行う必要があるものと思われます。

相当の理由もなく、死亡の日から長期間経過後に行う社葬は葬儀という意味合いが薄れ、いわば「偲ぶ会」「追悼の集い」というような性格に近くなり、交際費として処理するか、あるいは遺族レベルで執り行うべきではないかとも考えられます。

事業後継者が海外出張中だったという事情があり、また、死亡後2か月後程度の葬儀の場合であれば、特に問題とならないと思われます。

6　社葬の形態別の費用区分

社葬の形態によって費用の取扱いが変わりますが、形態別に注意す

3 税務関係

べき費用区分を纏めると、次のとおりです。

（1）個人葬後の社葬

　お通夜、告別式を遺族等近親者で行い（個人葬）、その後、改めて社葬を行うことがあります。

　個人葬は遺族側、社葬は会社側の負担と区別が必要となります。

　ただし、社葬の香典収入を遺族に全額渡す場合は、香典返しは遺族負担が一般的です。この場合には、僧侶への御礼、会場費、来賓送迎の交通費等、社葬のために通常要すると認められる額が社葬費用として損金算入されます。

（2）お別れの会・偲ぶ会

　法人が主催した場合は、祭壇や献花等の費用を社葬費用、会食にかかる費用は交際費等としてよいでしょう。

　なお、遠方からお別れの会・偲ぶ会に参列する従業員のための交通費の実費の負担は、故人の冥福を祈るための参列費用ですから、福利厚生費として差し支えないものと考えます。

　また、法人が直接主催しないお別れの会・偲ぶ会に費用を支出した場合、供花や香典であれば福利厚生費等、飲食代を負担した場合には法人関係者分については交際費等としてよいでしょう。

（3）合同葬

　遺族と会社で共催する合同葬の場合、葬儀にかかる費用は遺族と会社との負担区別が必要となります。

（4）合同葬（グループ企業）

　合同葬は、主たる企業が全額を負担し、他の企業は労力を提供する、それぞれの企業の業績に応じて負担する、関係する企業が均等に負担するなどのケースがあります。

　一部を負担する場合でも、社葬を行うことが社会通念上相当と認められるときは、社葬経費として認められます。

143

第6章　代表者が逝去した場合の法務・労務・税務

　要するに、社葬を行うことが社会通念上相当と認められるか否かがポイントとなります。

　たとえば、死亡した人が、グループ葬を行うすべての企業の代表取締役であった場合は、各企業とも社葬を行うことに必然性があり、グループ葬の負担金は社葬費用として損金に認められると思われます。

　一方、死亡した人が、グループ内の主たる企業の代表取締役であったとしても、他のグループ企業とはかかわりをもったことがない場合は、他のグループ企業の社葬負担金は他のグループ企業からグループを代表する企業への寄附金とみなされるものと思われます。

7　相続税法上の葬式費用の負担者

　相続税法において、債務控除の対象となる葬式費用については、「実際に支払った者から控除する」という規定ではなくて、「その者の負担に属する部分の金額」を控除対象としています（相続税法13条1号）。

　したがって、とりあえず金銭の工面ができる相続人が支払った場合は、後日において、今までに支払ったものは立替払いと考えて、負担者を決定し、債務控除の対象とすることができます。

　この場合、負担者を決定した後で、他の相続人が立替払いをした葬式費用については必ず精算をしておくことが大切です。

　また、相続の放棄をした者は、もはや相続人ではありませんので、遺産を相続しまたは債務を承継することはできません。しかし、葬式費用は被相続人の債務ではありませんので、相続放棄をした者が実際に葬式費用を負担した場合で、その者が遺贈により財産を取得した場合には、相続税の申告の際に債務控除をすることができます（相続税法基本通達13－1。138ページ参照）。

8　会社が葬儀費用を負担した場合の遺族側のメリット

　遺族が葬儀費用分を弔慰金や退職金で受け取れば、相続税の対象となることもあります。

144

しかし、会社が葬儀費用を負担することにより、遺族は葬儀費用を相続財産から支払う必要がなくなり、その費用相当分だけ相続財産が減少しないことになります。

9　社葬費用と消費税

会社が負担した社葬費用のうち、消費税の課税仕入れになるのは、会場使用料、祭壇費用、購入した花輪の費用、新聞広告料、タクシー代、案内状の印刷費、お礼品費等です。

しかし、会社が遺族に対して支払った香典は、課税仕入れには該当しません。

また、導師等に支払う読経料等は、読経等という役務の対価とするのではなく、喜捨金とみなされ、喜捨金は消費税法上不課税（消費税法基本通達16－2－1⑻）とされますので、課税仕入れには該当しません。

なお、会葬者が持参した香典等は、会社の収入としている場合でも不課税の収入となります。

10　社葬費用と株式の評価

会社が負担した社葬費用は株式の評価に影響する場合があります。

取引相場のない株式を「純資産価額方式」によって評価する場合の社葬費用の取扱いについては、評価会社の負債に計上できることが判例において明らかにされています。

すなわち、「社葬費用は、被相続人の死亡後に発生する費用であって、相続開始時すなわち被相続人死亡時に存在する負債ではないが、相続税法13条（債務控除）1項2号が、個人が営む葬式費用を相続財産の課税価格の計算上負債として控除することとしていることの権衡上、評価会社の資産評価の際にもこれを考慮するのが合理的であり、直前期末法による場合にも、社葬費用は、比較的高額なものとなることが多く、これを負債として計上するのが、相続開始時の評価会社の

資産を適正に評価する上で合理的であり、しかも、社葬費用は、評価会社の役員または従業員の死亡という通常の営業活動とは別個の原因から生ずる負債であり、仮決算を行わなくとも容易に計上することができるものであるから、これを負債として計上するのが相当というべきである。」（大阪高裁平成8年1月26日判決）とされています。

社葬費用は、法人の損金に計上できる部分が多々あり、また、相続財産である自社の株価を引き下げる効果もあります。

11 社葬費用の会計帳簿の作成

社葬費用の会計帳簿ですが、日常の会計とは別の会計、つまり特別会計と考えて、会計帳簿等も特別に作るのがよいでしょう。

社葬費用の支払いは、次のように整理するとよいでしょう。

① 支出金は、一旦「仮払金」としておきます。

② 支出の都度、支払年月日、支出項目、支出先、金額を記入した社葬費集計表を作成します。

③ 請求書や領収証はバラバラにしないで、社葬費用証票綴として保管しておきます。

④ 上記の社葬費用集計表に基づき仮払金を各勘定科目に振り替えます。

なお、僧侶の読経料など領収証をとりにくい場合には住職名、金額をメモしておきます。

12 社葬関連費用の勘定科目、費用区分

社葬関連費用の勘定科目、費用区分はどうなるのでしょうか。

社葬は死者が生前役員等として会社に功労があった場合、その功労に対する餞（はなむけ）として会社が主催して行う儀式であるので、それは本来、福利厚生的な性格を帯びるものです（京都地裁昭和50年2月14日判決）。

したがって、会社が創業者や役員・使用人の社葬のための費用を支

払った場合の勘定科目は、一般的には、「福利厚生費」で処理しますが、「社葬費」、「雑費」、「雑損失」等も考えられます。

しかし、重要なのは勘定科目名よりも営業費用・営業外費用・特別損失のどの区分の費用とすべきかです。

社葬というのは企業にとって特別なイベントであり、これにかかる費用は非経常的に発生するものであるので、原則として特別損失に区分するのがよいと思われます。

ある上場会社では、次のように区分表示しています。

[特別損失]
　社葬関連費用○○○○千円
[注記]
　当社の代表取締役会長であった○○氏の社葬に関連する費用です。

■葬儀費用の分担明細例　　　　　　　　　　　　　　　　　　（単位：円）

		支払先	支払内容	解説ページ	○○家 債務控除	○○家 対象外	㈱○○○○ 社葬費用	㈱○○○○ その他
収入			香典			○		
			収入の部合計			○		
支出の部	H00.5.1	○○家	ご香料					○
			送金手数料					○
	H00.5.8		斎場食事代		○			
			葬儀案内者食事代		○			
		○○ホテル	○○夫妻宿泊代	P135		○		
			弔問客食事代（通夜）○○他14名			○		
			弔問客案内者お礼			○		
		○○電機	ハンディーカメラ			○		
	H00.5.8	郵便局	お礼状発送代○○通	P134	○			

第6章　代表者が逝去した場合の法務・労務・税務

（単位：円）

	支払先	支払内容	解説ページ	○○家		㈱○○○○	
				債務控除	対象外	社葬費用	その他
		弔問客弁当代（自宅）10個			○		
	○○交通	弔問客タクシー代	P135		○		
H00.5.31		枕花					○
	○○寿司	弔問客食事代（通夜）○○他17名			○		
	寿司○○	弔問客食事代（通夜）○○他6名			○		
H00.5.11		弔問客食事代（自宅）			○		
		香典返し20個	P135		○		
H00.5.31		法事引出物お菓子	P135		○		
	○○ホテル	○○様宿泊代	P135		○		
H00.5.31	ホテル○○	○○社長他5名	P135		○		
	ホテル○○	○○社長他11名	P135		○		
H00.5.31	○○堂	基本料		○		○	
	初期供物等	枕供物		○			
		仮祭壇・供物		○			
		祭壇供物		○			
		写真引伸し		○			
	納棺	特別棺	P133	○			
		オリジナル仏衣	P133	○			
		ドライアイス（追加）	P133	○			
		消臭剤	P133	○			
H00.5.31	位牌・寺院式場備品	位牌	P135		○		
		備品		○			
H00.5.31	火葬	お別れセット	P133	○			
		霊柩車	P133	○			

（左端に「支出の部」と縦書き）

3　税務関係

（単位：円）

		支払先	支払内容	解説ページ	○○家		㈱○○○○	
					債務控除	対象外	社葬費用	その他
支出の部			バス	P133	○			
			お茶葉	P133	○			
			お菓子・つまみ	P133	○			
		通夜・葬儀	祭壇花	P131			○	
			特別祭壇	P131			○	
			式場会場費	P131			○	
			遺族控室	P131			○	
			寺院控室	P131			○	
			サブ会場祭壇花	P131			○	
			サブ特別祭壇	P131			○	
			モニター設置	P131			○	
			香典返し持込料	P131		○		
		法事	会食会場費	P135		○		
			法要膳	P135		○		
			ビール他	P135		○		
			ご飯	P135		○		
			仏壇セット	P135		○		
			サービス料	P135		○		
		新聞広告・会葬礼状	広告	P131 P134	○		○	
			お礼広告	P131 P134			○	
			会葬礼状	P134	○		○	
	H00.5.31		弔問客食事代（通夜）○○他5名			○		
	H00.5.13		香典返し他	P135		○		
	H00.5.31	○○寺	通夜葬式	P135			○	
			入棺・火葬・収骨	P133	○			
			戒名料	P133	○			

149

第6章　代表者が逝去した場合の法務・労務・税務

（単位：円）

		支払先	支払内容	解説ページ	○○家		㈱○○○○	
					債務控除	対象外	社葬費用	その他
	H00.5.31	ホテル○○	宿泊代	P135		○		
	H00.6.7		香典返し送料	P135		○		
	H00.6.15		四十九日 香典返し（カタログギフト）	P135		○		
			支出の部合計			○		
			差引		①	②		

○○家への精算額（①＋②）　　　　　円

3 役員退職金

1 退職給与の意義

　退職給与について、法人税では明確な定義はされていませんが、所得税では、退職所得につき次のように取り扱われます。法人税における退職給与も同義と解されます。

　退職所得とは、退職手当一時恩給その他の退職により一時に受ける給与およびこれらの性質を有する給与に係る所得をいう（所得税法30条1項）。

　「退職手当、一時恩給その他の退職により一時に受ける給与」に該当するためには、次の①～③の3要件を満たすことが求められます。

①　退職、すなわち勤務関係の終了という事実によって初めて給付されること

②　従来の継続的な勤務に対する報酬ないしその間の労務の対価の一部の後払いの性質を有すること

③　一時金として支払われること

　「これらの性質を有する給与」に該当するためには、形式的には①～③のすべてを備えていなくても、実質的に見て①～③の要求するところに適合し、課税上、「退職により一時に受ける給与」と同一に取

150

り扱うことを相当とするものであることが求められます。

（最高裁昭和58年9月9日判決（民集第37巻7号962頁）を加工）

2 役員退職金の決め方

　法人が役員に支給する退職給与の額は、不相当に高額な部分の金額につき、損金算入されないこととされています。

　ここで、役員退職給与にかかる不相当に高額な部分の金額とは、次の①〜③に照らし、その退職した役員に対する退職給与として相当であると認められる金額を超える場合における、その超える部分の金額とされます（法人税法施行令70条2号）。

> ① 当該役員のその内国法人の業務に従事した期間
> ② その退職の事情
> ③ その内国法人と同種の事業を営む法人でその事業規模が類似するものの役員に対する退職給与の支給の状況等

　過去の裁判例や裁決例をみると、上記の「相当であると認められる金額」の具体的な判断基準として、次の算式による「功績倍率法」が最も普遍的に利用されています。

　役員退職給与の適正額＝最終の月額報酬×勤続年数×功績倍率

　ここで、功績倍率とは、退職給与を支給した法人と同種の事業を営み、事業規模が類似する法人（同業類似法人）の役員退職給与の支給事例につき、その役員退職給与の額を、その退職役員の最終月額報酬に勤続年数を乗じた金額で除して得た倍率をいいます。

(1) 功績倍率法の要素の検討

❶ 平均功績倍率法と最高功績倍率法

　功績倍率法のうち、同業類似法人の功績倍率の平均値を用いる方法を「平均功績倍率法」、最高値を用いる方法を「最高功績倍率法」と

第6章　代表者が逝去した場合の法務・労務・税務

いいます。

納税者の立場からは、功績倍率が大きいほうが相当であると認められる金額が大きくなるため、最高功績倍率を適用したいところですが、裁判・裁決例においては、まずは平均功績倍率法が検討され、最高功績倍率法の採用は限定的です。

例外的に最高功績倍率法が適用される場合としては、抽出された同業類似法人の規模や役員給与の額にバラツキがあり、平均値を採用することが合理的でない場合などが考えられます（東京地裁昭和55年5月26日判決、仙台高裁平成10年4月7、東京地裁平成28年4月22日判決などで採用）。

❷　最終月額報酬

最終月額報酬は、通常、退職する役員の最終の月額報酬の額を用います。ただし、退職の直前に大幅に引き下げられたなどの特段の事情がある場合には、適正額に引き直す余地があります。

❸　勤続年数

個人事業主が法人成りした場合に、個人事業当時から引き続き在職する使用人が法人設立後相当期間経過後に退職するときは、個人事業時の在籍期間を通算して退職給与を支払うことが認められています。

しかし、個人事業主および事業専従者であった役員については、個人事業時の在籍期間を勤続年数に含めることはできません（福島地裁平成4年10月19日判決、国税不服審判所平成20年11月21日裁決）。

❹　功績倍率

功績倍率については、最高（会長、社長）で3倍程度とされていることが多いようです。

昭和56年11月8日の東京高裁判決において次に示した功績倍率が示されており、功績倍率が3.0であったことから、功績倍率が3倍まで大丈夫とされることがあり、この功績倍率を基に算定する法人も多

いようです。

役　　　　　職	社長	専務	常務	平取締役	監査役
相 当 功 績 倍 率	3.0	2.4	2.2	1.8	1.6

　しかしながら、その後の裁決例や判例においては功績倍率1.18～3.9倍までさまざまであり、個別の事情によって異なります。

(2) 功績倍率法が当てはまらない場合

　退任前において病気入院しており、最終月額報酬がゼロであったケースなど、最終報酬月額が適正な金額でなく、功績倍率法では合理的な計算ができない場合には、次の算式で計算される1年当たり平均額法が検討されます。

$$\frac{\text{同業類似法人の事例における役員退職給与の額}}{\text{その退職役員の勤続年数}} \times \text{当社の退職役員の勤続年数}$$

3　役員退職金の損金算入時期

　役員退職金の損金算入時期は、支給額が確定した日と実際に支払った日のいずれかとすることができます（法人税基本通達9－2－28）。

> 法人税基本通達9－2－28（役員に対する退職給与の損金算入の時期）
> 　退職した役員に対する退職給与の損金算入の時期は、株主総会の決議等によりその額が具体的に確定した日の属する事業年度とする。ただし、支払った日の属する事業年度において損金経理をした場合には、これを認める。

　つまり、損金算入時期は次のように2つの時期があります。

(1) 確定日基準（原則）

　株主総会の決議により、支給額が具体的に確定した事業年度に計上するのが原則です。ただし、その決議が退職金を支給する旨を定めるだけで、具体的な支給額の決定は取締役会に一任することとしている場合には、取締役会で具体的に決定された日の属する事業年度となります。

【原則】確定日基準

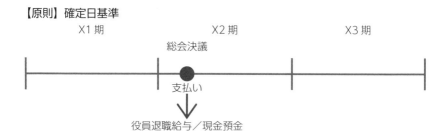

(2) 支払日基準（例外）

　役員退職金については、役員が期中に病気や死亡で退職した場合に内定額で支払ったり、あるいは資金繰り等の都合で確定した事業年度に支払うことができず、実際の支払いがその後の事業年度となる場合があります。そこで、支給額が確定する前または後のいずれであっても、法人がその退職金を実際に支払った年度で損金経理したときは、その事業年度の損金として取り扱われます。

　なお、この支払基準は損金経理が条件となっているため、仮払処理は認められません。

【特例１】取締役会で内定、支払い

【特例２】後払い

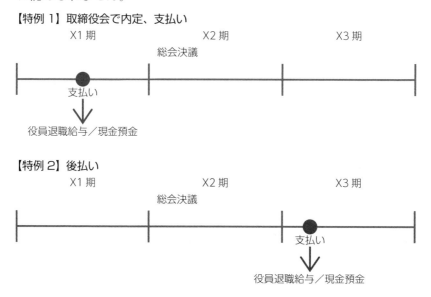

商事法の考え方からすれば、役員退職金は株主総会の専決事項である以上は、(1)の処理が原則となり、(2)はあくまで特例です。

しかし、(1)のみとすると事実上退職給与を支給しても損金の額に算入しないと次のような不都合が生じます。

- 支給額については所得税源泉徴収している。
- 死亡退職金には相続税が課されている。

このように支給額に所得税や相続税を課しながら株主総会の決議がないという理由で法人税の損金の額に算入しないのは説明に苦しむので、損金算入時期についての２つの選択肢が置かれたのです。

期中に死亡等により退職した役員に取締役会等の決議で支給する場合や、株主総会で支給額を定めても資金繰りなどの都合から支給決議が属する事業年度後に実際の支給を行う場合、例外的な配慮が必要です。

したがって、退職給与を支払った日の属する事業年度において、その支払った額について損金経理をした場合には、その事業年度において損金算入が認められています。

4　役員退職金の分割支給と租税回避

資金繰りなどの都合で分割払いした場合であっても、それが退職金の分割支給であれば、損金に算入されます。

確定した年度に全額を未払金に計上し損金とするか、あるいは支給の都度損金に算入するか、いずれの処理も認められます。なお、退職金を受け取る個人の側は、株主総会の決議等によって支給額が確定した時点で、全額が退職所得とされます（所得税基本通達36－10(1)）。

第6章　代表者が逝去した場合の法務・労務・税務

（1）支払時期の恣意的な操作

　支給すべき資金がありながら利益操作の具とするのは許されるべきものではありません。

（2）分割支給をすることに合理的理由がある場合

　分割支給は、次のように課税上弊害がない場合および合理的な理由がある場合に容認されるものと考えられます。

　　①　繰越欠損金の損金算入が認められる期間など、分割支給し、その都度、損金算入をしても法人税負担に影響がないこと

　　②　法人の資金繰りが悪化している場合など、分割支給することに税負担以外の合理的な理由があること

（3）支給の遅延

　税務上、いつまでに株主総会の支給決議を行えば退職給与を支給したものとして取り扱われるかについては、「相続税法では相続財産とみなされる退職手当金について次のように『被相続人の死亡後3年以内に支給が確定したもの』（相続税法3条1項2号）まで該当する」旨規定していますので、法人税法上も一応の目安となると思われます。

> **相続税法3条（相続又は遺贈により取得したものとみなす場合）**
> （省　略）
> 　一　省略
> 　二　被相続人の死亡により相続人その他の者が当該被相続人に支給されるべきであった退職手当金、功労金その他これらに準ずる給与（政令で定める給付を含む。）で被相続人の死亡後3年以内に支給が確定したものの支給を受けた場合においては、当該給与の支給を受けた者について、当該給与
> 　　…（以下省略）

5 退職金の支給確定時期による課税の違い

　被相続人の死亡により、相続人その他の者が、死亡退職金を被相続人死亡後3年以内に支給を受けた場合は、相続財産とみなされて相続税の課税対象となります。

156

また、３年を超えて支給された場合は、所得税の一時所得として課税の対象となります。この３年内かどうかの判定は、支給すべき「金額」が３年内に確定したことをいい、支給した「時期」が３年内かどうかは問わないとされています。

6 死亡退職金の支給手続き

(1) 死亡退職金の性質

　死亡による退職慰労金は、死亡以外の事由により退任した場合の退職慰労金と変わりなく、在職中の職務執行に対する報酬であると考えられます。したがって、死亡退職金の支給額、支給時期等の決定は、退任した場合の退職慰労金と同様に定款に定めがあればそれに従い、定めがなければ株主総会の決議またはこれを受けた取締役会決議で支給額や支給方法を決めます。

(2) 受給権者

　死亡退職金を誰に支払うかは、次のように取り扱います（相続税法基本通達３－25）。

①　退職金規程等の定めによりその支給を受けるものが具体的に定められている場合には、その退職金規程等により支給を受ける者

②　退職金規程等により支給を受ける者が具体的に定められていない場合または退職金規程等の適用を受けていないものであるとき

　　イ　株主総会の決議で具体的に支給対象者が定められた場合は、その支給対象者

　　ロ　株主総会の決議で支給対象者を具体的に定めず、相続人とした場合は、相続人全員の協議により死亡退職金の支給を受けることとなる者

　　ハ　イおよびロ以外のときは、相続人の全員に対して、その被相続人に関する退職手当金等を各人均等に取得したものとして取り扱う

役員死亡退職金についても、定款に具体的な定めがない場合、株主総会の支給決議またはこれを受けた取締役会の決議により支給することができます。

支給決議が行われた場合に受給権者を指定することが必要となりますが、支給内規があればそれに基づいて受給権者を決定し、内規がなければ取締役会で具体的に受給権者を指名することになります。

しかし、誰を受給権者とするかを取締役会（または監査役の協議）が決定するのは、必ずしも容易なことではありません。

そこで、あらかじめ支給内規を設けておくとよいと思われます。

内規の記載例は次のとおりです。

＜記載例＞

（死亡役員に対する退職慰労金）
第〇条　在任中死亡した役員の退職慰労金は、次の各号によりこれを贈呈する。

　　　　退任後退職慰労金の贈呈前に死亡した役員についても、同様とする。

① 役員は、自己の死後、退職慰労金を受けるべき者をあらかじめ文書により会社に届けておくことができる。この場合、2名以上の者を指定して届け出ることができる。

② 前号による届け出がなかった場合、または届け出られた者がすべて死亡しもしくはその居所が会社に明らかでない場合は、死亡した役員の法定相続人または内縁の配偶者のうち、いずれか取締役会または監査役の協議により認めた者に贈呈する。

③ 前号に基づき法定相続人に支払う場合には、その全員に一括して支払うか、またはその法定相続分によって分割した金額を個別に支払うものとする。

死亡退職金について、退職金規程等で、特定の受取人が明確である場合、その「受取人固有の財産」で、「相続財産」ではありません。なお、相続税法上は、「みなし相続財産」です。

そのような規程がない場合は、退職金の支給事由によることになります。株主総会でその支給事由を、たとえば「内助の功」とか「妻の生活保護」とした場合は、特定の遺族（たとえば、妻）の固有の財産となります。また、支給事由を亡くなった役員の「功労報奨」とすると相続財産とみられる可能性が高くなります。

なお、相続税法上は、いずれでも「みなし相続財産」となります。

7 会社負担の死亡保険金

(1) 役員を被保険者、会社を保険受取人として、会社が生命保険契約に加入した場合

会社が生命保険を締結する目的は、節税を兼ねた貯蓄、退職慰労金の資金、役員死亡時の信用不安が生じた場合の資金繰りなどですが、この会社に支払われる生命保険は、当然に死亡退職金とはなりません。

死亡退職金は、前述のとおり株主総会の決議またはこれを受けた取締役会決議により支給額が決まりますので、支給金額は一致しません。

(2) 役員を被保険者、役員の遺族を受取人として会社が生命保険契約に加入していた場合に、生命保険会社から直接保険金が遺族に支払われた場合

法人がその保険契約にかかる保険金を退職金として支給する目的であった場合を除き、会社が負担した保険料による経済的利益に対する所得税課税との関係から役員が負担していたものとして取り扱うこととなっています（相続税法基本通達3-17）ので、退職金ではなく生命保険となります。

8 取引相場のない株式の評価における死亡退職金の取扱い

取引相場のない株価の評価の類似業種比準価額の計算に使用される評価会社の「1株当たりの利益金額」は通常直前期のものが使用されますので、退職金の支払いにより類似業種比準価額が下がるのは翌期になります。

第6章　代表者が逝去した場合の法務・労務・税務

　ただし、翌期以後に支給された退職金であっても、被相続人の死亡により、相続人その他の者に支給することが確定した退職金は、評価会社の純資産価額（相続税評価額）の計算上は基準となる直前期の負債とすることができますので、純資産価額により評価することとなる場合には、その退職金部分が評価減の対象となります。

　退職金は、みなし相続財産として相続税の課税対象になっているため、直後期以後に負債となる退職金を負債に計上しないと相続税の二重課税が起きることから、例外的に負債として計上が認められています（財産評価基本通達186(3)）。

　これに対して、弔慰金は、一定額が相続税法上退職金として取り扱われず、事実上の非課税となっているためにこの特例は認められず、負債計上が認められません。

One Point Check　弔慰金贈呈の議案例

　第○号議案　弔慰金贈呈の件

　平成○年○月○日に逝去されました故○○○○氏（前代表取締役会長）のご遺族に対し、当社規程に基づき弔慰金○○○○千円を贈呈いたしたくご承認をお願いするものであります。なお、贈呈の時期および方法等につきましては、取締役会にご一任願いたいと存じます。

　故○○○○氏の略歴は次のとおりであります。

氏　名	略　　歴
○○○○	昭和○年○月　　○○○○○の事業を承継
	昭和○年○月　　当社設立 代表取締役社長
	平成○年○月　　当社代表取締役会長
	平成○年○月　　逝去

3　税務関係

4 弔慰金

1 遺族が受ける弔慰金の取扱い

　被相続人の死亡によって雇用主等から受ける弔慰金、花輪代、葬祭料等については、実質的に退職手当等に該当するものを除き、次の(1)の①、②の金額が世間一般の常識的な金額の範囲であれば、相続税の対象にはなりません（相続税法基本通達3－20）。

弔慰金として支給された金額（A）		
(B) 実質的に退職手当金に該当する金額	(C) 社会通念上相当な弔慰金等として非課税に該当する金額	(D) 退職手当金等に該当するものとされる部分
	【業務上の死亡】 普通給与の3年分 【非業務上の死亡】 普通給与の6か月分	〔((A) － (B) － (D))〕

- 退職手当金等の金額＝(B)＋(D)
- 非課税部分の金額＝(C)

(1) 弔慰金の常識的な金額

　弔慰金等に相当する金額は、次の区分によって判定をし、それを超える金額については退職手当金等に該当するものとして取り扱われます（相続税法基本通達3－20）。

　① 被相続人の死亡が業務上の死亡であるとき……普通給与の3年分

　② 被相続人の死亡が業務上の死亡でないとき……普通給与の6か月分

(2) 業務上の死亡の範囲

　被相続人の死亡が業務上の死亡に該当するかどうかは具体的事例ご

161

とに判断しますが、次のような場合は業務上の死亡に該当すると認められます。

① 自己の業務遂行中に発生した事故により死亡した場合
② 作業の中断中の事故であっても、業務行為に付随する行為中の事故によって死亡した場合
③ 出張中または赴任途上において発生した事故により死亡した場合
④ 自己の業務に直接起因して健康を害しまたは潜在していた疾病が発病し死亡するに至った場合

2 支出した法人側の取扱い

弔慰金を支出した法人側においては、その弔慰金が適正妥当な金額であれば、福利厚生費として全額損金の額に算入することができます。弔慰金の額が適正妥当な金額を超える場合には、その部分は、退職給与としての取扱いとなります。

支給の対象が役員の場合には、過大役員退職給与として損金不算入となることがあります。この場合、過大役員退職給与としての判定は、退職慰労金として支給される金額との合計額について行われます。

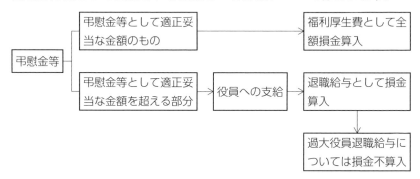

法人の支給する弔慰金の適正額の判断については、法人税法等で明示されていませんが、上記の相続税の基準を援用することは、一般的に、妥当なものとして認められています。

労働基準法では、業務上死亡した労働者の遺族に対しては平均賃金の1,000日分の遺族補償を行わなければならないこととされています（労働基準法79条）。

また、判決等でも相続税の判断基準を妥当なものとしています。

判決：仙台高裁 平成10年4月7日判決・平8（行コ）5

労働基準法上、業務上死亡した労働者の遺族に対しては平均賃金の1,000日分の遺族補償をしなければならないとされていること、相続税法3条1項2号により相続により取得したものとみなされる退職手当金等の給与には、弔慰金等は、被相続人が業務上死亡したときは普通給与の3年分に相当する金額は相続財産に含めないが、これを超える金額は退職手当金等に含まれるものとして運用されていることからすると、この程度の金額については弔慰金として相当な額であるとの社会通念が存在し、これを前提にこれらの規定、通達がおかれていると解されるので、本件においても、最終報酬月額の3年分に相当する額が弔慰金として相当な金額であると認められる。

裁決：国税不服審判所昭和51年4月26日裁決

業務上死亡の場合における弔慰金の計算に36か月分（3年分）を用いることは、一般的に妥当なものと認められるところであり、同族会社の役員に係るものであるからとして、これと区別して取り扱う理由は見当らない。

3　支給方法

弔慰金の支給にあたっては、株主総会での決議を行い、死亡退職金と弔慰金を明確に区別して支給することが大切です。

4　取引相場のない株式の評価における弔慰金の取扱い

前述（160ページ参照）のように退職手当金等については、相続税法により相続または遺贈により取得したものとみなされ、相続税の課税価格に算入されて課税対象とされています。このため、株式の評価における純資産価額の計算において、負債として計上しなければ、相続税の実質上の二重課税の問題が生じるため、財産評価基本通達において、負債に含まれるものとして取り扱われています（財産評価基本

第6章　代表者が逝去した場合の法務・労務・税務

通達186(3))。

　これに対して、弔慰金は、一定額が相続税法上退職金として取り扱われず、事実上の非課税となっています。そのためにこの特例は認められず、負債計上が認められません。

5 所得税の準確定申告

　所得税では、毎年1月1日から12月31日までに生じた所得については、翌年の2月16日から3月15日までに確定申告をします。

　しかし、納税者が年の中途で死亡した場合または確定申告をしなければならない人が翌年の1月1日から確定申告期限までの間に確定申告書を提出しないで死亡した場合には、相続人は、その相続の開始があったことを知った日の翌日から4か月を経過した日の前日までに、被相続人にかかる確定申告書を提出しなければなりません。これを「準確定申告」といいます。

　準確定申告は、相続人または故人から包括遺贈を受けている人が行います。

- 必要書類：生命保険、損害保険の領収書等
　　　　　　源泉徴収票
　　　　　　医療費の領収証
　　　　　　印鑑
- 申　告　先：死亡した人の住所地の所轄税務署
- 申告期日：相続開始日より4か月以内

164

3 税務関係

6 相続税の概要

　社葬も終わり、四十九日も過ぎますと、遺族の間では故人の財産の把握が始まります。会社の総務担当者も事業後継者および遺族とともに故人の財産の把握のための支援をすることとなるでしょう。その場合の参考として、相続および相続税の基本事項を知っておくことは大切です。具体的な財産の評価、相続税額の計算、相続手続きについては専門家に依頼することとなると思いますが、財産調べや相続手続きの基礎資料は遺族が準備することとなります。

　また、遺言書の存在の有無や保存状況により、その後の手続きが変わってきます。遺族間で、スムーズな遺産相続をすることも故人の供養になることと思われます。

　次の項目は、相続手続きおよび相続税計算上の注意点と基本事項です。

1 相続とは

　相続とは、次のことを指します。

① 　相続は人の死により、届け出や登記をしなくても開始します。

② 　相続人は、相続開始により、被相続人のプラス財産（権利）とマイナスの財産（債務）を相続します。債務は相続分に応じて相続します。

（1）相続人の範囲

　相続財産を得ることができる相続人の範囲およびその順位をまとめると、次ページの図のとおりです。

第6章　代表者が逝去した場合の法務・労務・税務

■相続人の範囲

相続人の範囲		相続人となる者	
		順位	順位の説明
血族	子およびその代襲者（再代襲者）	①	①の該当者がいる場合には、②③の者は、相続人となることができません。②の者は、①の者がいない場合に相続人となります。③の者は、①および②の者がいない場合に限り、相続人となります。
	直系尊属	②	
	兄弟姉妹およびその代襲者	③	
配偶者		同順	常に相続人となります。

（2）共同相続人の権利・義務

　共同相続人は、相続分に応じて相続人としての地位を有し、それを基礎として、主として次のような権利・義務を有しています。

①　遺産を構成する個々の物や権利に対して相続分に応じた共有持分を有しており、相続分に応じて相続債務を負担しています。

②　相続分によって取得した相続人としての地位自体を譲渡することができます。

③　相続人としての地位に基づいて遺産を構成する個々の物や権利に対して有している持分を譲渡したり、持分に担保権を設定したりすることができます。

④　持分に応じて遺産を利用することができます。

⑤　遺産の管理に関する費用は、相続財産の中から支出するか、相続分に応じて共同相続人が負担します。

⑥　原則として、いつでも、遺産分割を請求して共有関係を解消することができます。

2 遺産相続の方法

(1) 相続は遺言が優先

遺言があった場合には、その遺言書に記載されている財産は、遺言者の死亡の時から、その遺言書に記載されている人（受遺者）に帰属することとされています。

その受遺者が遺言をした人の民法で定める相続人であるかどうかを問いません。

死亡した人（被相続人）が遺言書で指定した法人または個人であるなら、誰でも受遺者になることができます。

(2) 遺言がない場合、遺言書に記載されていない財産がある場合

共同相続人で分割協議をします。どうしても分割協議が成立しない場合は、家庭裁判所の審判によることになります。

(3) 分割の方法

遺産分割の方法は概略すると、下図のようになります。

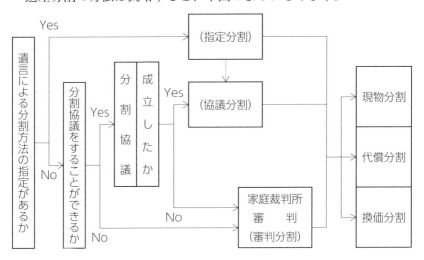

第6章　代表者が逝去した場合の法務・労務・税務

❶　現物分割

遺産を現物のまま分割する方法で、①共有物分割と同様に個々の物を1つずつ分割する方法と、②遺産の全部を一体とみて各財産ごとに各相続人への帰属を決める分割方法とがあります。一般には、②の方法によるのが通常であり、この方法を現物分割と呼んでいます。

現物分割は、遺産分割の原則的方法として、広く用いられている方法です。

❷　代償分割

共同相続人中の1人または数人が遺産の現物を取得し、他の相続人は、現物の取得者に債務を負担させて行う分割の方法です。

❸　換価分割

換価分割とは、遺産を未分割のまま処分してその金銭を分割する方法です。すなわち、共同相続人の1人または数人が相続により取得した財産の全部または一部を金銭に換価し、その換価代金を分割する方法です。

3 税務関係

3 相続税申告手続スケジュール

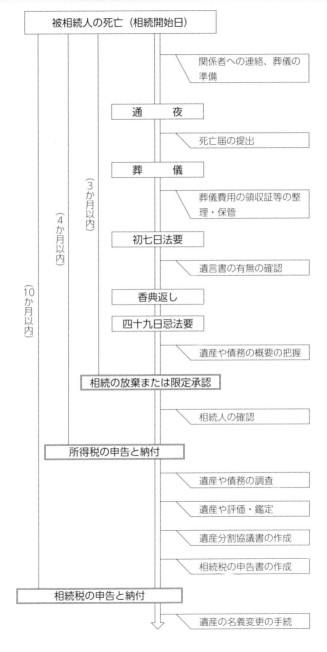

4 相続税額の計算の仕組み

相続税額の計算は次のような手順になります。

(1) 課税価格の計算

課税価格の計算式は、次のようになります。

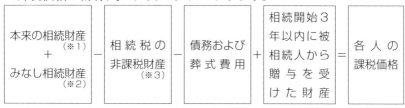

※1 本来の相続財産…相続による取得財産・遺贈による取得財産・死因贈与による取得財産
※2 みなし相続財産……保険金・死亡退職金・生命保険に関する権利・定期金に関する権利等
※3 相続税の非課税財産
　　生命保険金（500万円×法定相続人の数）
　　死亡退職金（500万円×法定相続人の数）

(2) 課税遺産総額の計算

課税遺産の総額の計算式は、次のようになります。

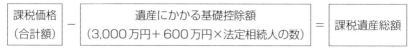

(3) 相続税の総額の計算

❶ 課税遺産総額を法定相続人が法定相続分により取得したものとして金額を計算

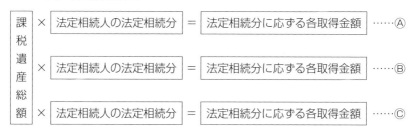

3　税務関係

❷　各取得金額に税率を乗じて相続税の総額を計算

Ⓐ　法定相続分に応ずる各取得金額　×　税率　＝　算出税額

Ⓑ　法定相続分に応ずる各取得金額　×　税率　＝　算出税額

Ⓒ　法定相続分に応ずる各取得金額　×　税率　＝　算出税額

Ⓐ 算出税額　＋　Ⓑ 算出税額　＋　Ⓒ 算出税額　＝　相続税の総額

❸　相続税の税額は速算表を用いて計算

＜速算表の使用方法＞

法定相続分に応ずる各取得金額*1×税率*2－控除額*3＝税額

■相続税の速算表（平成 27 年１月１日以降適用）

*1 遺産にかかる基礎控除額控除後の法定相続人の各取得金額	*2 税率	*3 控除額
1,000 万円以下	10%	
3,000 万円以下	15%	50 万円
5,000 万円以下	20%	200 万円
1 億円以下	30%	700 万円
2 億円以下	40%	1,700 万円
3 億円以下	45%	2,700 万円
6 億円以下	50%	4,200 万円
6 億円超	55%	7,200 万円

（4）各相続人の相続税額の計算

　相続税の総額を各相続人が実際に取得した課税価格により按分計算します。

相続税の総額　×　$\dfrac{\text{各人の課税価格}}{\text{課税価格の合計額}}$　＝　各相続人の相続税額

171

(5) 各相続人の納付する金額

相続人が、配偶者であるなどの条件に応じて、各相続人別に加算や控除を計算します。

※1 相続税の2割加算
　　1親等の血族と配偶者以外の人が相続した場合、算出税額の2割が加算されます。
※2 贈与税額控除
　　相続の開始前3年内の贈与財産を相続税の課税価格に加算した場合、すでに納付済みの贈与税額を相続税額から控除します。
※3 配偶者に対する税額の軽減
　　原則として相続税の申告期限（相続開始から10か月）までに分割されているときは、配偶者の法定相続分または1億6,000万円のいずれか多い方が算出税額から控除されます。
※4 未成年者控除、障害者控除、相次相続控除、外国税額控除

＜設例＞

> 相続財産の総額が2億1,000万円（内訳：妻が1億円、長男が6,000万円、長女が5,000万円取得）で、長男が債務700万円と葬式費用300万円を負担した場合に、相続人である妻、長男、長女の納付すべき税額はどのようになりますか。

❶ 課税価格の計算

相続人	本来の相続財産	債務・葬式費用		課税価格	割合
妻	10,000万円	－ 0万円	＝	10,000万円	50%
長男	6,000万円	－ 700万円＋300万円	＝	5,000万円	25%
長女	5,000万円	－ 0万円	＝	5,000万円	25%
		課税価格の合計		20,000万円	100%

❷ 課税総遺産の計算

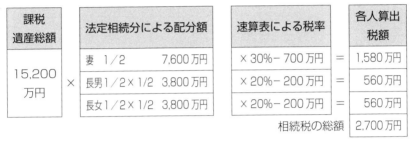

❸ 相続税の総額の計算

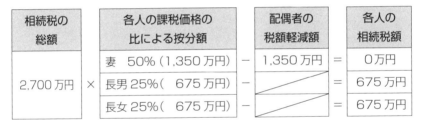

❹ 各相続人の税額および各人の納付する税額の計算

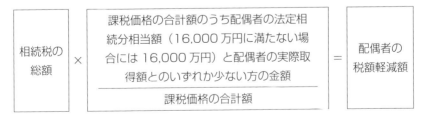

※ 配偶者に対する税額の軽減は、原則として遺産が相続税の申告期限までに分割されているときに、次の算式による金額が配偶者の算出税額から控除されます。

| 相続税の総額 | × | 課税価格の合計額のうち配偶者の法定相続分相当額（16,000万円に満たない場合には16,000万円）と配偶者の実際取得額とのいずれか少ない方の金額 / 課税価格の合計額 | = | 配偶者の税額軽減額 |

この算式にあてはめると次のようになります。

第6章　代表者が逝去した場合の法務・労務・税務

$$2,700\,万円 \times \frac{10,000\,万円}{20,000\,万円} = 1,350\,万円$$

5　相続の手続きに必要な書類一覧

相続の手続きに必要となる書類を整理すると下記のとおりです。

	関係書類等	発行者等または関係書類	必要性
1	戸籍謄本	本籍地の市区町村役所	・税務署への提出義務書類 ・相続人全員分 　相続人の人数・未成年者の確認
2	遺言書の有無		・一親等の血族および配偶者以外の者に対する遺贈は税額が2割加算となります。
3	遺産分割協議書（分割協議成立時に作成）		・税務署への提出義務書類 ・不動産の登記および預金等の払出しに必要 ・配偶者の税額軽減・小規模宅地等の評価減特例の適用は遺産分割が要件となります。
4	印鑑証明書	市区町村役所	・税務署への提出義務書類 　税務署では、分割協議書に押印している印と同一の印鑑であるか確認します。
5	固定資産税の評価証明書	都税事務所市町村役所	・保有不動産の確認 ・評価算定資料
6	登記簿謄本土地の地積測量図または公図	法務局	・評価算定資料 　不整形地等の場合、評価額が減額されます。
7	土地および家屋の利用状況	賃貸借契約書	・利用状況によっては評価減の対象となります。 （例）貸家・貸地等 ・小規模宅地等の評価減特例の判定に必要

174

3　税務関係

	関係書類等	発行者等または関係書類	必要性
8	預貯金の残高証明書	金融機関	・預貯金等の残高確認…相続開始日現在の残高が必要となります
9	有価証券の残高証明書	証券会社等	・有価証券の残高確認…相続開始日現在の残高が必要となります ・同族株式の場合…株主名簿（台帳） ・上場株式の場合 　㋑　証券会社との取引 　㋺　現物で保管
10	貸付金の確認	総勘定元帳	・同族会社との貸借関係
11	未収金の確認		・未収給与・未収家賃等
12	死亡保険金の確認	保険証書 振込通知書	・受取保険金額の確認
13	生命保険金契約に関する権利の確認	保険証書	・被相続人が家族等を被保険者として払込みしている保険金は権利としての財産となります。
14	損害保険契約	保険証書	・返戻金のあるものは相続財産になります。
15	電話加入権		
16	ゴルフ会員権等	会員証	
17	生前贈与の有無	贈与税申告書	・相続開始前３年以内に被相続人から相続人への贈与については相続財産へ加算されます
18	債務（借入金）の残高証明書	金融機関	・相続開始日現在の残高が必要となります。
19	未納公租公課	課税通知書	・相続財産より控除されます。
20	葬式費用の明細（領収証）	領収証	・相続財産より控除されます。 ・社葬費用との区分

175

第6章　代表者が逝去した場合の法務・労務・税務

7 未分割財産がある場合の申告

　相続税の申告期限までに遺産が未分割（誰が、どの財産を相続するか決まっていない状態）の状態にある場合は注意が必要です。

　遺産が未分割でも、相続税の納付期限は待ってはくれません。

　遺産が未分割のまま、相続税の申告期限が到来した場合、相続人が民法に定める相続分（法定相続分）で相続したものとして税金の計算がされ、相続税の納付をすることとなります。この場合、相続税では、次のような相続税が軽減される規定がありますが、その優遇措置は未分割財産に対しては適用になりません。

1 遺産分割が確定しないと適用が受けられない特例

（1）配偶者の相続税額の軽減措置

　配偶者の課税価格が法定相続分（法定相続分が1億6,000万円に満たないときは1億6,000万円）以下であれば、相続税がかかりません。

（2）小規模宅地等の評価減特例

　被相続人等やその同族会社が経営している事業用宅地、被相続人等の自宅敷地について、一定の条件、面積まで、相続税の評価額を減額する制度です（181 ～ 183ページ参照）。

（3）農地等の納税猶予制度の特例

　3大都市圏の生産緑地とそれ以外の地域の農地等について、相続税の申告期限までに農業後継者である相続人が農地を取得し、一定の要件を満たせば、本来の相続税額と農業投資価格により計算した相続税額との差額の納税が猶予される制度です（平成30年度税正改正により制度が一部見直される予定です。）。

（4）非上場株式等の納税猶予制度の特例

　経営承継相続人等が、相続等により、経済産業大臣の認定を受ける非上場株式等を被相続人から取得し、その経営をしていく場合には、

176

その経営承継相続人等が納付すべき相続税のうち、その全株式の３分の２を対象として80％に対応する相続税の納税が猶予される制度です。

また、平成30年度税制改正では、上記の制度に追加する形で新たな特例の創設が予定されています。新制度の概略は、平成30年より10年間に限って都道府県知事が認定した非上場株式の全株式を経営者から後継者が引き継ぐ場合に雇用の維持など一定の条件を満たすことにより、相続や贈与した株式についての相続税および贈与税についてその100％の納税を猶予するものです。

(5) 申告書の提出期限までの国等への贈与は非課税

相続税の申告期限までに、相続または遺贈により取得した財産のうち国等へ贈与したものについては、相続税がかかりません。

相続税の申告期限内に遺産分割が調わない場合は、これらの特例が適用できず、多額の納税資金が必要となります。相続人一同でよく話し合い、期限内に分割されるよう早目の準備が大切です。

なお、未分割財産が申告書の提出期限から３年以内に分割された場合、またはやむを得ない事情がある場合等に該当し、税務署長の承認を受けた場合には、その分割ができることとなった日の翌日から４か月以内に分割された場合に限り更正の請求を行うことにより、上記の配偶者の税額軽減および小規模宅地等の評価減特例の適用を受けることができ、税金の還付を受けられます。

2 相続税の申告期限までに全財産の一部のみしか協議が整わない場合

分割協議は、協議が調ったものから一部分割でも有効です。

遺産分割協議書は、数回に分けてもよいのです。

すべての分割協議が調わなくとも、その都度、相続人全員の合意があったものから、作成することも可能です。

第6章　代表者が逝去した場合の法務・労務・税務

　たとえば、金融財産については申告期限までに決まらなくても、不動産については全員が合意している場合、その分だけでも協議書を作成することで、小規模宅地等の評価減特例が使えます。

　また、配偶者の相続財産については、大枠では決まっていても、子供たちの相続財産がまだ協議できていない場合は、決まっている配偶者分のみの分割協議書を作成することにより、配偶者の税額軽減が適用可能となります。

8　遺産未分割の場合の賃料の支払い

　亡くなった役員から会社が土地等を賃借していた場合の賃料は、遺産分割協議が確定するまで、どのようにしたらよいでしょうか。

　相続人の代表を決めてもらい、相続財産を管理する口座を開設し、その口座に振り込みします。

　では、相続開始の時から分割が確定するまでの間の家賃は誰の収入となり、また所得税の申告はどうすればよいのでしょうか。

　相続開始の時から分割が確定するまでの間の相続財産は、相続人の共有状態にありますが、分割が確定することにより相続開始の時に遡って効力が生じます。

　しかし、貸家や貸地のように収益を生む相続財産から発生する家賃収入や地代収入は法定果実であり相続財産ではありません。そのため、分割するまでの果実の帰属は相続人の共有となり、所得税の申告も各共同相続人が法定相続分で取得したものとして行うことになります。

　それでは、遺産分割が確定した場合の所得税の申告は、相続開始日に遡って更正の請求や修正申告をするのでしょうか。

　未分割状態であった間の家賃収入等は、各共同相続人がその法定相続分に応じて分割単独債権として確定的に取得すると解されています

178

（最高裁平成17年９月８日判決）。

　そのため、相続開始日に遡って更正の請求や修正申告を行うことはできません。

　未分割であるため、法定相続分により所得税の申告を行っていた場合、分割の確定した日からその家賃等はその財産の相続人等に帰属することとなります。

9 未払いの役員報酬

　役員と法人との関係は委任契約に基づくものとされています。

　月の途中で役員が死亡した場合には、役員報酬支払額は日割り計算する必要があるのでしょうか。役員報酬は、包括的な委任の対価であり、年俸、月俸により報酬限度は規定しますが、日割り計算はなじみませんので、１月分を支払います。

　また、役員死亡後に支払期日となった報酬の源泉徴収は通常どおり行うかについては、役員死亡後に支払期日の到来する報酬は相続財産となるため、所得税の源泉徴収の必要はありません。

10 同族会社に土地を貸している場合の取扱い

　社長（故人）の所有していた土地を会社が借り、その上に同族会社所有の建物を建築していた場合、相続により、その契約は相続人に引き継がれます。

　ただし、契約内容が引き継がれるとしても、契約当事者が変更となるため、通常賃貸借契約書は書き替えが行われます。

1 相続税評価

　借地権の取扱いはその契約形態により、土地の相続税評価および貸

第6章　代表者が逝去した場合の法務・労務・税務

付先である同族会社の株式の評価に際し、純資産価格の計算に影響しますので留意が必要です。その評価は下表および算式のとおりです。

■借地権の課税関係

	土地所有者の相続発生時	
	個人（地主）	法人（借地人）
一般の場合 （借地権相当額の権利金授受あり）	自用地評価× （1－借地権割合）	＜同族会社の株式評価＞ 自用地評価×借地権割合
権利金授受なし 賃貸料＞相当の地代	自用地評価×80％	＜同族会社の株式評価＞ 自用地評価×20％
無償返還届出書の提出なし、権利金授受なし、賃貸借	自用地評価－ 算式Aの借地権価額	＜同族会社の株式評価＞ 算式Aにより計算した借地権価額
無償返還届出書の提出あり （賃貸借）	自用地評価×80％	＜同族会社の株式評価＞ 自用地評価×20％
無償返還届出書の提出あり （使用貸借）	自用地評価	＜同族会社の株式評価＞ 評価しない

$$算式A＝自用地価額×\left\{借地権割合×\left(1－\frac{実際に支払っている地代の年額－通常の地代の年額}{相当の地代の年額－通常の地代の年額}\right)\right\}$$

　上表にある無償返還の届出書を提出した場合は、権利金を収受せず、収受する地代が相当の地代に満たないときにおいても、借地権の認定課税はしないで、相当の地代(注)から実際の地代を控除した金額相当額が借地人（法人）に贈与したものと取り扱われます（法人税基本通達13－1－7）。つまり、賃貸期間中の所得計算は、実際の地代収入が社長の不動産収入となり、法人においては地代として損金算入されます。

180

3 税務関係

　また、個人と法人の間には使用貸借の契約は成立しません。個人が無償返還の届け出を提出していない場合は、法人との契約では自然発生借地権があるものと判断します。

　（注）　相当の地代を収受している場合とは、権利金の収受に代えて、毎年土地の時価の６％相当額の地代を収受している場合です。

2　変更届出書の提出

　土地の無償返還に関する届出書や相当の地代の改訂方法に関する届出書を提出している場合で、その届け出にかかる土地について、相続等により土地所有者または借地人に変更があったときは、その旨を借地人等との連名で届け出る必要があります。

3　小規模宅地等の評価減特例

　相続税申告の際、社長（故人）所有の土地に同族会社の建物があり、地代の支払いがある場合、小規模宅地等の評価減特例の対象にすることが考えられます。

　その土地が特定同族会社（相続開始直前に被相続人およびその親族等で50％超有している場合に限ります。）の事業用（貸付事業を除きます。）宅地に該当する場合は400㎡まで80％の評価減、貸付事業用宅地の場合は200㎡まで50％の評価減ができます。

　その特例を適用するためには、その宅地等にかかる被相続人の貸付事業を相続税の申告期限までに引き継ぎ、申告期限までその貸付事業を行っていることが必要です。

　この特例規定は、相続税の申告書にこの規定の適用を受ける旨を記載し、小規模宅地の計算に関する明細書その他一定の書類の添付がある場合に限り適用があるものとされています。

　相続税の申告書の提出期限までに小規模宅地等の評価減特例の対象となる宅地等の全部または一部が未分割の場合には、その申告書の提出後に分割されるその宅地等について、この適用を受けたいときは「申

181

第6章　代表者が逝去した場合の法務・労務・税務

■小規模宅地の評価減特例の対象宅地等の概要

相続開始の直前における宅地等の利用区分				要　件	限　度面　積	減　額される割　合
被相続人等の事業の用に供されていた宅地等	貸付事業以外の事業用の宅地等		①	特定事業用宅地等に該当する宅地等	400㎡	80%
	貸付事業用の宅地等	一定の法人に貸し付けられ、その法人の事業（貸付事業を除きます。）用の宅地等	②	特定同族会社事業用宅地等に該当する宅地等	400㎡	80%
			③	貸付事業用宅地等に該当する宅地等	200㎡	50%
		一定の法人に貸し付けられ、その法人の貸付事業用の宅地等	④	貸付事業用宅地等に該当する宅地等	200㎡	50%
		被相続人等の貸付事業用の宅地等	⑤	貸付事業用宅地等に該当する宅地等	200㎡	50%
被相続人等の居住の用に供されていた宅地等			⑥	特定居住用宅地等に該当する宅地等	330㎡	80%

（注）1　「貸付事業」とは、「不動産貸付業」、「駐車場業」、「自転車駐車場業」および事業と称するに至らない不動産の貸付けその他これに類する行為で相当の対価を得て継続的に行う「準事業」をいいます。

　　　2　「一定の法人」とは、相続開始の直前において被相続人および被相続人の親族等が法人の発行済株式の総数または出資の総額の50%超を有している場合におけるその法人（相続税の申告期限において清算中の法人を除きます。）をいいます。

3　税務関係

告期限後3年以内の分割見込書」を相続税の申告書に添付して提出することが必要です。また、複数の小規模宅地の評価減特例の適用宅地がある場合、共同相続人が同意をした付表の提出が必要です。

　この小規模宅地の評価減特例は、適用される宅地の組み合わせにより、評価減の適用限度面積が変わりますので、注意が必要です。

　特例の適用を選択する宅地等が下表のいずれに該当するかに応じて、限度面積を判定します。

■利用区分が複数ある場合の限度面積の計算

特例の適用を選択する宅地等	限度面積
特定事業用等宅地等（①または②）および特定居住用宅地等（⑥）（貸付事業用宅地等がない場合）	（①＋②）≦400㎡　　⑥≦330㎡　両方を選択する場合は、合計730㎡
貸付事業用宅地等（③、④または⑤）およびそれ以外の宅地等（①、②または⑥）（貸付事業用宅地等がある場合）	（①＋②）×200／400＋⑥×200／330＋（③＋④＋⑤）≦200㎡

（注）　表中の丸数字は、前ページの表の「要件」で付したものに対応します。

　上表のとおり、貸付事業用宅地等との組み合わせでない場合は事業用宅地等の限度面積400㎡と特定居住用宅地等の限度面積330㎡を併用でき、最大730㎡まで評価減の対象とできます。これに対し、貸付事業用宅地等と事業用宅地等、居住用宅地等との組み合わせの場合は、貸付事業用宅地等の限度面積は200㎡までとなってしまいます。

183

＜参考文献＞

・小滝孝吉『社葬～実施・運営のすべて』（日本生産性本部、昭和63年）

・本郷孔洋『お葬式とおカネのQ&A』（ビジネス社、平成５年）

・中牧弘允『社葬の経営人類学』（東方出版、平成11年）

・田中義幸・北山現『社葬―進め方と税務―』（税務経理協会、平成11年）

・碑文谷創『社葬・準備と対策のすべて』（出版文化社、平成16年）

・三省堂企画編集部『現代冠婚葬祭事典 特装版』（三省堂・三省堂企画、平成12年）

・清水勝美『葬儀・法要・相続・供養のすべてがわかる本』（永岡書店、平成18年）

・PHP研究所編『１冊で安心！ 葬儀・法要・相続がよくわかる本手続からマナーまで』（PHP研究所、平成22年）

・㈱三越伊勢丹『こんな時どうする？冠婚葬祭 三越伊勢丹の最新葬式110番』（誠文堂新光社、平成28年）

・岩下忠吾『税理士必携 事例にみる相続税の疑問の解説』（ぎょうせい、平成26年）

・中川昌泰監修 遺産分割研究会編『六訂版 遺産分割と相続発生後の対策』（大蔵財務協会、平成29年）

【執筆者紹介】

三上　清隆（みかみ　きよたか）

　　公認会計士・税理士

　　三上清隆公認会計士税理士事務所所長

〈略歴〉

　　昭和24年　つがる市に生まれる

　　昭和43年　弘前高校卒業

　　昭和48年　茨城大学人文学部卒業

　　昭和52年　会計士となり監査法人太田哲三事務所(現新日本有限責任監査法人)
　　　　　　　入社

　　昭和59年　新日本有限責任監査法人を退社し、三上公認会計士事務所を開設

　　昭和63年　税理士登録

　　平成４年　新日本有限責任監査法人社員就任

　　平成17年　新日本有限責任監査法人代表社員退任
　　　　　　　新日本有限責任監査法人の顧問就任

　　平成19年　新日本有限責任監査法人の顧問を辞任

〈事務所〉

三上清隆公認会計士税理士事務所

　青森県青森市大字筒井字八ツ橋1305番地

　●業務内容

　①会計制度の構築、②税務業務、③帳簿作成業務、④経営コンサルタント業務、

　⑤会社の再生業務、⑥合併・解散手続

　上記のうち、経営コンサルタント業務、相続税対策に重点を置いている。

　●所員数　50名

【執筆協力】

　　三上　広美　税理士・三上清隆公認会計士税理士事務所副所長

中小企業のための社葬マニュアル

2018年2月5日　発行

著　者　　三上　清隆 ©

発行者　　小泉　定裕

発行所　　株式会社 清文社
東京都千代田区内神田１－６－６（MIF ビル）
〒101-0047　電話03（6273）7946　FAX03（3518）0299
大阪市北区天神橋２丁目北２－６（大和南森町ビル）
〒530-0041　電話06（6135）4050　FAX06（6135）4059
URL http://www.skattsei.co.jp/

印刷：奥村印刷㈱

■著作権法により無断複写複製は禁止されています。落丁本・乱丁本はお取り替えします。
■本書の内容に関するお問い合わせは編集部まで FAX（03-3518-8864）でお願いします。
■本書の追録情報等は、当社ホームページ（http://www.skattsei.co.jp/）をご覧ください。

ISBN978-4-433-64887-9